L'EXIGENCE D'UNE NORMATIVITÉ DE LA POSTMODERNITÉ POLITIQUE

Collection « Ouverture philosophique »
Série « Bibliothèque »
dirigée par
Dominique Chateau, Jean-Marc Lachaud et Bruno Péquignot

Une collection d'ouvrages qui se propose d'accueillir des travaux originaux sans exclusive d'écoles ou de thématiques.

Il s'agit de favoriser la confrontation de recherches et des réflexions, qu'elles soient le fait de philosophes « professionnels » ou non. On n'y confondra donc pas la philosophie avec une discipline académique ; elle est réputée être le fait de tous ceux qu'habite la passion de penser, qu'ils soient professeurs de philosophie, spécialistes des sciences humaines, sociales ou naturelles, ou… polisseurs de verres de lunettes astronomiques.

La série « Bibliothèque » comporte des ouvrages qui inaugurent ou complètent la connaissance des philosophes en explorant leur problématique, leur argumentation et leur héritage.

Dernières parutions

Arno MÜNSTER (en collaboration avec Fabio Mascaro Querido), *Le marxisme « ouvert » et écologique de Michael Löwy. Hommage à un intellectuel « nomade »*, 2019.
Paul DUBOUCHET, *Girard et Tresmontant, balayeurs et constructeurs. Pour le monothéisme*, 2019.
Pascal GAUDET, *Le projet démocratique. Recherche kantienne*, 2018.

Angba Martin Amon

L'exigence d'une normativité de la postmodernité politique

La philosophie du droit

L'Harmattan

5-7, rue de l'École-Polytechnique ; 75005 Paris

http://www.editions-harmattan.fr/

ISBN : 978-2-343-17766-3
EAN : 9782343177663

À mon grand-père MONTSE Angba Lucien

Sommaire

Sommaire

Sommaire

Introduction

Le monde dans sa profonde mutation psychosociologique exige une reformulation des cadres politico-juridiques qui le fondent. L'exigence d'une approche normative et institutionnelle s'impose à l'Homme s'il veut poursuivre sa marche inlassable vers le progrès et s'inscrit dans les perspectives qu'offre la démocratie moderne. On est amemer à revoir notre conception du droit et de la liberté qui connaît une crise de mutation et de maturation, en regard des attentes des populations qui restent insatisfaites. Aucune nation moderne ne peut se passer d'englober dans le statut politique du citoyen, les droits fondamentaux qui lui permettent d'exprimer sa liberté. L'existence réelle de l'homme dans la postmodernité politique n'est rien d'autre que le droit du citoyen en voie de devenir aussi bien pour une société plus juste que pour son autonomisation. En scrutant la postmodernité politique, on s'aperçoit qu'il serait difficile de donner un sens général de l'évolution du droit et de l'idée de justice. En effet, il serait superflu de revendiquer l'autonomie ou la dépendance de l'un vis-à-vis de l'autre. L'exigence du principe d'égalité, d'équité et d'égalité que représentent ces catégories légitimantes de la justice, complexifie la réalisation du droit et fragilise sa capacitté normalisatrice.

Mais l'évolution du droit en général débute donc par l'évolution du droit bourgeois et elle n'est qu'une évolution de ce dernier confronté aujourd'hui aux clivages sociaux et à une prolétarisation croissante. Elle réactive dans la société mondiale foncièrement économique la confrontation permanente entre l'idéal de justice égalitaire d'une part et, l'idéal de la justice d'équivalence d'autre part. Ce qui montre que dans la postmodernité politique, l'existence d'un système juridique cohérent ne sera possible que dans une société mondiale où tous les États auront atteint le même stade évolutif. La crise de maturation démocratique des États modernes corrobore l'idée que l'État ne conserve la société humaine que parce qu'il y réalise l'idéal de justice valable en elle. La lutte pour la reconnaissance des droits qui caractérisent aujourd'hui les crises identiaires partout dans le monde, traduit une interaction sociale entre citoyens, la justice ainsi que ceux qui incarnent les institutions républicaines.

Or la société économique dans laquelle nous vivons, n'ayant pas d'existence autonome ne peut être à mesure d'en garentir au citoyen. La réalité qu'offre la postmodernité politique ou démocratique, c'est que le statut du citoyen se rapporte à sa qualité de travailleur en tant que membre de la société économique mondiale. Du coup, le droit et la citoyenneté s'évaluent désormais relativement à la fortune du citoyen. Le hiatus irrémediable qui se produit entre l'individu et l'État, explique le fait que l'État et la société économique mondiale ne coïncident jamais entièrement. En faisant abstraction du citoyen, c'est violer l'essence de la vie juridique et politique.

Le système juridique doit être le reflet d'une volonté dans laquelle, le droit et la liberté deviennent des concepts-projets favorables à une réelle implémentation de l'autonomie des peuples. « Plus que n'importe quelle forme de civilisation avant elle, la modernité a besoin d'un tri entre ce qui est digne de transmission et d'un raccourcissement des évolutions mal adaptées, même si les mise en garde lancées par les acteurs d'une génération actuelle qui se délecte des fausses évolutions expressives peuvent être perçues comme des interventions répressives »[1]. La problématique de la relation du droit à la postmodernité est la capacité de l'homme à « stabiliser les normes [juridiques] d'un âge d'argent apparu de manière épisodique, ou si nous sommes à deux doigts d'une rechute dans un âge de fer dont anciens et nouveaux réalistes sont convaincus de l'actualité, notamment en se référant au fait que plus des deux tiers de l'humanité n'en sont jamais sortis. Pareils régression ne serait pas une fatalité, mais une conséquence des réactions de vandalisme aux paradoxes de l'existence »[2]. C'est pourquoi, la postmodernité ne doit pas être perçu comme une sorte de rupture épistémogique, mais une modernité qui s'inscrit dans un processus de mutation des catégories théorico-politiques qui la consolident pour s'adapter à l'ère du temps. Le droit n'est pas en reste dans ce mouvement irréversible de mutation-adaptation propre à la culture et à la civilisation moderne dont la vocation est de connaître le réel et réduire la misère de l'humanité. Cette irruption du sujet dans un monde aux multiples aspects intellectuels, culturels, esthétiques et historiques, exige de nous l'approfondissement du sens du droit, car la permanence du moderne dans la postmodernité équivaudrait à son inépuisabilité conceptuelle, mais aussi à l'insatifaction d'une attente humaine de justice et de liberté.

---

[1]Peter SLOTERDIJK, *Tu dois changer ta vie*, traduit de l'allemand par Olivier Mannoni, Paris, Libella, 2011, p.607.

[2] Idem, p.606.

PREMIÈME SECTION

LA DÉ-CONSTRUCTION OU LA RE-CONSTRUCTION DU SYSTÈME JURIDIQUE

« Lorsqu'on parle du Droit, on a tendance à s'attacher trop exclusivement aux justifiables [...]. On cherche les motifs de ceux qui subissent passivement le droit. On se demande pour quels motifs un homme agit conformément à une règle de droit, ou pour quels motifs [il] agit à l'encontre de cette règle. Et on constate que ces motifs peuvent être les plus divers : [...] Des raisons d'ordre biologiques, ou l'intérêt, économique ou social, ou morale, etc. ».[3] De cette considération sur la fonction sociétale du droit, surgit la problématique de la dé-construction ou de la re-constitution du système juridique.

> Comment faire en sorte que dans une société si étendue soit-elle, l'entente soit cependant maintenue selon les principes de la liberté et de l'égalité (c'est à savoir, grâce à un système [juridique]) ; ce qui constituera un principe de la politique, dont l'organisation et l'ordonnance contiendront alors des décrets qui, tirés de la connaissance qu'on a des mécanismes de l'administration du droit et les modalités d'adaptation à sa fin. Le droit ne doit jamais se régler sur la politique, mais c'est la politique qui doit toujours se régler sur le droit[4].

Ce faisant, changer son regard sur le droit, est la condition juridique suprême analogue à celle de l'homme comme un devoir de vérité qui, génère la justice, la paix, la confiance en confortant le pacte social.

---

[3] Alexandre KOJÈVE, *Esquisse d'une phénoménologie du droit*, Paris , Gallimard,1981, p.191.

[4] Emmanuel KANT, *Théorie et pratique sur un prétendu droit de mentir par l'humanité*, traduit de l'allemand par L. Guillermit, Paris, Vrin, p.80-81.

Chapitre premier

La gouvernance et les droits de l'homme dans la refondation de l'État

La gouvernance désigne une manière de gouverner doublée d'une éthique et d'une responsabilité citoyenne. L'intérêt que nous portons à ce concept en vogue dans le discours politique d'aujourd'hui est celui des difficultés épistémologiques et sociétales que l'on peut rencontrer dans la pratique cette notion. Cette gouvernance souvent à dimension économique avec ses règles, ses objectifs et ses conditionnalités politiques, s'adresse d'abord au progrès social de l'homme ; objet principal de ce mode de gestion. Ainsi donc, la gouvernance politique, celle de la société humaine et la gouvernance économique, celle du système économique mondial ne coïncident toujours pas. L'économie, le social et les droits de l'homme sont souvent incompatibles. Ce qui veut dire que la gouvernance d'une société humaine sera toujours un exercice très difficile. L'appel à gouverner suscitera toujours des vocations et des politiques seront motivées par le désir de servir dans le sens de la bonne gouvernance comme aussi par le désir de se servir.

L'évolution du monde industriel est marquée dans sa phase actuelle par l'extraordinaire diversité des ouvertures que le renouvellement des technosciences économiques offre à l'humanité en termes de liberté et de contraintes. Prendre en considération l'interaction gouvernance et droit de l'homme dans la refondation de l'État, exige d'examiner ce que l'homme projette et ce qu'il veut faire dans la perspective d'une action sociale, laquelle suppose pour se développer une interaction intelligible et efficace entre la gouvernance et le droit, c'est-à-dire une synergie et une entente entre les acteurs sociaux fondées sur des valeurs mutuellement reconnues. L'objectif de cette analyse est de mettre en lumière les conditions d'existence d'une démocratie sociale, où la pesanteur de l'État sur la liberté d'action des individus sera considérablement réduite. Dans le cadre de la gouvernance démocratique, l'État de droit doit consacrer la légalité et la garantie judiciaire.

L'ordre civique implique l'organisation des relations entre acteurs, étatiques et non étatiques, qui participent tous à l'exercice du pouvoir. Le système juridique qui la caractérise et qui assure sa légitimité doit s'inspirer des méthodes de l'État de droit pour tenter de subordonner les pouvoirs à des principes de droit, afin de rendre possible la réforme structurelle de la société. La gestion du processus de développement à travers la gouvernance démocratique intègre certes les concepts de bonne gestion, mais intègre quant à son universalité et à sa transversalité toutes les cultures et les civilisations du monde. L'obstacle à la légitimité des droits de l'homme, réside dans le fait que cette universalité demeure, parfois, davantage une fiction juridique qu'une réalité socio-politique. La refondation de l'État moderne doit substituer à la politisation des droits de l'homme, la coïncidence de la structure sociale avec la structure juridique dérivée. Les ingrédients socio-culturels, communicationnels et l'*ethos* d'un développement durable, sont plus importants que l'instrumentalisation du concept de gouvernance fait par le politique.

I - L'objectivité du consensus et du suffrage universel dans l'élaboration du système juridique

Le consensus étymologiquement est synonyme d'universalité, c'est-à-dire ce qui s'impose à tous et qui fait l'adhésion de tous. C'est donc une action participative et intégrée dont l'accord se fait par la reconnaissance de ce qui doit être désormais la norme, la convention, la loi, etc. et qui n'est que le résultat d'un effort cognitif d'ensemble. Les expressions « populaire » chez Marx, « universel » chez Hegel et Kant, « l'intercompréhension » chez Jürgen Habermas, « la volonté générale ou le contrat » chez Rousseau ne sont que les autres noms du consensus. Mais comment se présentent les modalités opérationnelles du consensus ? Le consensus est-il une pure abstraction ou une réalité vécue ? Peut-on dissoudre les différences dans une homogénéité positive ? Le consensus n'est-il pas en réalité un abus de langage ? Ou encore faut-il parler d'un consensus relatif ou absolu ? Cette problématique nous permettra d'explorer les voies qui mèneraient à cette objectivité du consensus qui constitue la substance même de tout système juridique. « Les juristes européens du XIXe siècle nous ont habitué à considérer, selon les idées des révolutions américaine et française, la constitution comme un acte juridique, un document rédigé après délibération, discussion, vote, soit du peuple, soit de ses représentants, soit des deux »[5]. L'analyse portera donc sur les notions de délibération, discussion et vote.

Nous pensons que c'est à partir de ces travaux en amont que le système juridique a valeur d'objectivité et d'universalité. Car si cette méthodologie d'élaboration est observée, comment se fait-il qu'il y a remise en cause à peine de la naissance d'un système juridique ou pourquoi le consensus reste toujours précaire ? L'élaboration du système juridique exige une autre démarche, celle de l'intersubjectivité qui place les sujets agissants sur une égalité dans la mesure où l'interaction entre citoyen a pour résultat de produire à partir de la souveraineté de soi, la souveraineté populaire, ou une souveraineté consensuelle. « Dans cette tradition qui remonte à Rousseau, les mêmes droits de communication et de participation servent non seulement au développement des droits subjectifs privés, mais encore et surtout à rendre possible une pratique exercée en commun par des citoyens et considérée

[5] Éric WEIL, *Hegel et l'État. Cinq conférences suivies de Marx et la philosophie du droit*, Deuxième édition, Paris, Vrin, p.56.

comme une fin en soi »[6]. Cette participation à la politique institutionnelle se traduit par l'idée d'un travail communautaire, une solidarité vécue dans le sens d' « une solidarité civique qui se mobilise dans un respect sans limite de l'égalité universelle, et se radicalise en solidarité avec toutes les formes d'altérité »[7]. C'est là que se décline la discussion qui précède la délibération ou le vote. À partir des conditionnalités rationnelles et objectives de la discussion on aboutira logiquement à une délibération ou l'élection comme résultat d'un processus intelligiblement suivi. Or, on ne discute qu'avec autrui, dans un rapport dialectique fait d'échanges et de contradictions. Ce qui est au cœur de la discussion, c'est la raison discursive qui tente de convaincre par la force de la parole, intelligible et consciente d'elle-même. La communication des consciences serait l'équivalence de la juridiction de la parole, c'est-à-dire la palabre en Afrique. Là, il ne serait pas faux de dire que « l'agir communicationnel »[8] dont parle Habermas était déjà présent dans la démarche africaine de prévention et de gestion de conflits, car c'est cette fin que poursuit l'élaboration de tout système juridique avant même de parler de démocratie. « En Afrique [et en Europe], l'institution de l'État a rompu, comme le dirait Arendt, le fil de la tradition de la palabre en instaurant une élite qui n'a pas appris la perte de souveraineté de soi. L'État a érigé un mode de vivre-ensemble qui échoue, parce qu'au-delà des constitutions, de la solidarité obligée, des décrets, il manque la parole donnée et la reconnaissance de soi et de l'autre qui cimenteraient autrefois le vivre-ensemble »[9]. La symbolique de la parole est ontologiquement structure de l'être humain.

Elle s'objective dans une raison pratique, dans l'agir comme lieu de l'expérience empirique de la liberté. Pour ce faire, principe d'universalisation, la parole ou la communication est argumentative et exige pour parvenir à un consensus vrai, ce que Habermas appelle « une éthique de la discussion »[10]. « L'unité de ton correspond à la convergence des pensées »[11]. L'unicité du mode vécu ainsi exprimée peut être considérée comme une caractéristique des

---

[6] Jürgen HEBERMAS, *Entre naturalisme et religion. Les défis de la démocratie*, traduit de lallemand par Christian Bouchindhomme et Alexandre Dupeyrix, Paris, Gallimard, 2008, p.218.

[7] Idem, p.219.

[8] Concept développé par Habermas qui indique que, dans le processus d'élaboration du consensus, le discours argumentatif se présente comme procédé communicationnel dont le but est de parvenir à l'intercompréhension subjective.

[9] Jean-Godefroy BIDIMA, *La palabre une juridiction de la parole*, Éditions Michalon, Paris, 1997, p.42.

[10] C'est une éthique qui se veut rationnelle et qui tient compte du fait que le savoir d'arrière-plan détermine considérablement les expressions explicites des savoirs collectifs. La certitude à laquelle elle aboutit est une évidence indubitable du monde vécu, évidence porteuse de normes, de valeurs, imperméables à toute interrogation éthique, à toute remise en cause des certitudes morales héritées et vécues comme ce qui va de soi.

[11] Francis COURTÈS, *La raison et la vie, idéal scientifique et idéologie en Allemagne de la réforme jusqu'à Kant*, Paris,Vrin, 1972, p.131.

sociétés traditionnelles. Cette culture dialoguale s'exprime par le savoir partagé, utilisé par les participants de la communication lorsqu'ils cherchent à s'entendre sur l'interprétation de la réalité qu'il convient de donner en vue de l'action. Il y a donc consensus lorsqu'il y a unité, non pas comme une simple agrégation d'opinions, mais comme une connaissance de la portée sociale et politique de l'unité. Bref la reconnaissance de ce que la sociabilité implique un dépassement de sa subjectivité pour se reconnaître dans une totalité, une universalité voulue et conçue. C'est un libre usage de son droit à la vie et de sa citoyenneté qui se veulent actifs et participatifs. L'une des règles argumentatives qui rendent possible la discussion est le prédicat « équitable pour chacun »[12]. Il existe une intuition morale de la discussion qui précède le consensus non dénuée d'ailleurs d'effets politiques, car c'est aux citoyens que le consensus ou le contrat social s'impose. L'équité requiert l'égal traitement sans considération de statut social, de rang ou d'origine. Elle renvoie à la droiture dans l'appréciation de ce qui est dû à chacun et, de ce fait, implique la justice. Pour cela, l'équité est la forme normative de la justice qui se déploie dans l'une des conditions requises pour une délibération objective.

En effet, « il revient aux individus et aux groupes de définir pour eux-mêmes ce qu'est une vie bonne, et de décider des moyens de la poursuive, dans les limites qui garantissent la liberté des autres, elle en appelle à une conception de la justice qui puisse être acceptée par des personnes ayant des conceptions divergentes du bien »[13]. La norme qui détermine cette participation est la reconnaissance dans le sens toujours de la justice et exige un droit à une considération sociale égale pour tous. Le monde de la solidarité, le monde de la normativité, le monde de l'objectivité et le monde de la communication sont ainsi en interaction. Les rapports sont désormais réguler sur le modèle de la raison.

Dorénavant, la discussion ne doit plus se réduire à l'autorité d'une personne, mais doit connaître que l'autorité de l'intelligence. C'est pourquoi, « [Marx] rattache la liberté d'expression à l'intersubjectivité, et non seulement à l'auto-affirmation ou à la pure dictée de la raison, il lui confère un caractère de nécessité qui bouscule la distinction kantienne [...] entre un usage privé (soumis aux obligations propres à une fonction) et un usage public de la raison »[14]. L'intersubjectivité s'annonce ici dans la communication des consciences comme une transparence réciproque des libertés, une caractéristique de notre citoyenneté. Le consensus issu de la délibération des sujets rationnels est donc à la foi l'essence de la loi et la méthode efficace. La

[12] Jürgen HABERMAS, *Morale et communication*, traduit de l'allemand par Christian Bouchindhomme, Paris, les Éditions du Cerf, 1983, p.97.

[13] Nancy FRAZER, *Qu'est-ce que la justice sociale ? Rennaissance et redistribution*, traduit de l'anglais (États-Unis) par Estelle Ferrarese, Paris La Découverte, p.50.

[14] Jad HATEM, *Marx, philosophe de l'intersubjectivité*, Paris, l'Harmattan, 2003, p.13.

discussion que propose Habermas serait la manière idéale de réconcilier les hommes autour d'un objectif commun de vie.

Le rapport qu'établit la discussion de sujet à sujet doit pouvoir être pensé autrement que sur le mode du rapport sujet à objet. Ce qui convient dans ce rapport, c'est sa capacité à surmonter les oppositions ruineuses entre le particulier et l'universel, c'est-à-dire l'individu qui doit être plutôt un individu-collectif, être collectif ou encore être solidaire. Moment important de la discussion, « la reconnaissance mutuelle n'est pas une relation immédiatement assurée mais le moment de la réelle compréhension ou de la réconciliation qui succède, en le surmontant, au moment initial de la non-compréhension »,[15] est tout aussi décisif. La reconnaissance est synonyme de revendication d'une universalité indubitable bâtie sur le socle d'un consensus objectif, car elle fait disparaître l'ordre statutaire et confère à toute personne, le statut de partenaire, d'associé à part entière dans l'interaction sociale, en bannissant toute différence excessive par rapport aux autres citoyens. La condition intersubjective qu'implique cette reconnaissance veut dire le « je » dois savoir qu'il y a nécessairement un « tu » et, que dans cette communication symétrique le « je », est appelé à se transformer en « je-tu » pour parvenir à la solidarité manifeste dans cette démarche dialectique du *logos*. C'est de cette synthèse dont parle Hegel comme le troisième moment où la Raison subjective parvient à l'universalité. Seulement ce qui change ici, c'est la méthode qui relève d'un pragmatisme constructif fait d'échange, d'interaction par le biais d'argumentation discursive. « Le discours est en soi une praxis intersubjective »[16]. Cette relation de l'homme à lui-même trouve son objectivité et sa réalité que par rapport à l'existence d'autres hommes.

La discussion permet de nouer avec soi et autrui une relation vivante et sincère. Elle ouvre surtout en plus de la reconnaissance la voie à la réconciliation. « Cette dialectique de l'objectivation se profile, en vérité, sur l'horizon de la sociabilité de l'homme. L'être pour soi de l'homme implique son être-pour-autrui »[17]. L'approche suggérée ici se comprend en termes de justice et pose le traitement équitable des participants dans la quête du consensus.

La reconnaissance mutuelle de sujets distincts, ne peut être comprise indépendamment de sa réalisation pratique. L'intersubjectivité, lorsqu' « elle est donnée au départ comme reconnaissance réciproque anticipant a priori la réconciliation, réduit abusivement le travail de la relation morale à un donné acquis »[18]. Ce qui démontre que dans la notion de consensus il y a une orchestration des principaux thèmes qui sont : la reconnaissance, l'égalité,

---

[15] Paul LADRIÈRE et Claude GRUSON, *Éthique et gouvernabilité un projet européen*, Paris, PUF, 1992, p.71.
[16] Jad HATEM, Op.cit., p.13.
[17] Idem, p.41.
[18] Paul LADRIÈRE et Claude GRUSON, Op.cit., p.71.

l'équité et l'éthique de l'intersubjectivité dialoguale. Tout système juridique doit se structurer autour de ces valeurs qui représentent le pont entre le droit positif et la citoyenneté. La démarche constructive du consensus est rationnelle et communicationnelle, car elle légitime, selon l'expression d'Habermas « la colonisation du monde vécu ». L'adhésion collective est donc fondée sur la puissance discursive de la raison dans le seul souci de parvenir non pas à un consensus de façade, mais un consensus du cœur et de la raison. Habermas dans « l'agir communicationnel » propose une méthodologie pragmatique et participative comme la voie de l'intercompréhension. La justice sociale que porte dans son flanc le droit, doit être accoucheuse d'une humanité réconciliée par la parole, la communication, car « le mot introduit un rapport éthique et juridique entre les acteurs, il construit les rôles et implique des changements d'attitude »[19]. Au-delà de ce rapport, c'est une véritable démocratisation de la pensée, du dire et du faire à laquelle on assiste dans l'intersubjectivité dialoguale. Cette démocratie manifeste dans la discussion, est l'exemple que nous donne ici la palabre.

> Le tour de parole ordonne l'agressivité des débats [...]. Elle implique une obligation (se taire ou prendre la parole à un moment précis), une règle (parler après l'autre), une hiérarchie (certaines prennent la parole tandis que d'autres la reçoivent) et des contraintes (il faut observer les règles de bienséance). Le tour de parole manifeste la notion d'ordre. Il signifie pour chaque interlocuteur non seulement son tour et le degré autorisé de violence verbale, mais aussi comment à travers sa rhétorique, il peut [convaincre] [...] l'assistance. [...]. Grâce à l'alternance, le locuteur actuel permet au récepteur locuteur potentiel, de construire un rôle et d'anticiper sur la prochaine prise de parole. Le tour de parole constitue le sujet parlant comme sujet transitaire et sujet transitoire. La seule grande interdiction dans la palabre est la monopolisation [...] de la parole[20].

Ce mode de communication représente, chez Habermas, « L'éthique de la discussion » car il introduit dans la relation entre les sujets qui débattent, des principes qui normalisent le langage et qui exige pour résumer, ce passage ci-dessus cité, le respect de la liberté d'autrui, le droit à la différence et la reconnaissance. L'universalité requise par le droit doit se conformer à ses exigences éthique et socio-culturelle qui constituent la substance vitale de l'ordre sociétal. La discussion-délibération se réalise au moyen de l'intercompréhension qui est l'affaire de tous. Elle met en jeu aussi bien les savoirs spécialisés que les savoirs de sens commun. C'est pourquoi, l'échange du savoir qui est en réalité un savoir partagé, est au fondement du lien civil. Lorsque « la cohésion sociale est en crise, on découvre que le savoir des spécialistes est nécessaire. Mais il a besoin d'être relayé par le savoir non

---

[19] Jean-Godefroy BIDIMA, Op.cit., p.22.
[20] Idem, p. 22-23.

spécialisé pour construire une conviction commune »[21]. Il va de soi que tout consensus s'élabore à partir de cette osmose du savoir spécialisé et du savoir non spécialisé, motivée par le désir de rationaliser toute action humaine. C'est une solidarité agissante et constructive. En effet, la délibération au sens propre est une assemblée qui discute un projet afin d'examiner et d'apprécier ensemble ce qu'il convient de faire ou de ne pas faire. C'est là que l'idée de l'intercompréhension prend tout son sens dans la décision finale.

Cette approche du consensus qui s'articule autour de la discussion tranche d'avec la position du positivisme juridique qui affirme que le législateur est le créateur de la justice. L'objectivité du consensus dépend donc des objectivations de l'agir et du parler. À la communication des consciences marquée par la fonction argumentative et discursive du langage, s'ajoute une exigence rationnelle qui est porteuse d'une justice sociale. C'est alors une pensée du consensus qui tend vers des exigences de validité, universelle et « cesse d'aspirer à l'élaboration d'un consensus (au sens où elle cesse d'aspirer à des résultats indubitables) ; elle rompt avec l'univers des conceptions établies en droit, mais sans pour autant renoncer à l'autorité que confère la possibilité de saisir et de comprendre les choses supérieurement »[22]. L'enjeu ici est le rassemblement de tous les citoyens autour de l'ordre social à établir en vue de surmonter les difficultés que suscite l'organisation de la société. Car toute norme n'est valable que si toutes les personnes concernées sont d'accord et qu'elle fait l'objet de satisfaction des intérêts de la majorité. Autrement dit, il est l'expression théorique et pratique d'une entente mutuelle. Or « des conflits qui surgissent dans le cadre d'interactions gouvernées par des normes proviennent directement d'une perturbation dans l'entente mutuelle sur les normes »[23]. Pour les participants à l'interaction, l'intégration sociale et la socialisation individuelle permettent d'éviter la crise d'interprétation des normes, car la recherche transparente de la position commune est inclusive et dissipe, de ce fait, tout soupçon. La modification d'une loi peut dès lors « consister à garantir de fait que l'on approuve et reconnaît intersubjectivement l'exigence de validité qui s'est, en premier temps, trouvée contestée mais que l'on n'a pu réhabiliter en montrant le caractère non problématique »[24]. C'est dire que cette modification se fait relativement à la même méthodologie participative. En démocratie, les lois des États de droit sont instituées. À la différence des lois :

> Les normes ne sont pas des articles de loi aléatoirement en vigueur. Elles n'expriment pas une obligation légale. Elles ne sont pas entre les mains d'un corps de spécialistes. Elles sont les références qu'actualise ou inaugure un groupe social déterminé pour réguler l'interaction dans telle situation donnée.

---

[21] Paul LADRIÈRE et Claude GRUSON, Op.cit., p.73.
[22] Jürgen HABERMAS, Op.cit., p. 34.
[23] Idem, p.88.
[24] Ibidem

> Elles sont reconnues par les participants à l'interaction comme légitimes. Cette reconnaissance entraîne une obligation morale auto-implicative : une obligation que le sujet s'assigne lui-même. La norme est, avant le droit, l'expression de la loi de liberté[25].

De ce point de vue, la norme a un caractère social et politique. Social parce qu'elle est motivée par le désir de l'homme de vivre en société *(homo politicus*), politique parce que cette société s'est organisée en un corps politique à partir des normes structurantes et disciplinaires. Ce corps a donné naissance au pouvoir d'État symbole de la communauté sociale. En outre, la norme est un élément constitutif du droit.

Dans ce cas on parle de norme juridique qui renvoie à l'idée de commandement ou de prescription à observer. Aujourd'hui, dans les démocraties modernes, on a tendance à croire que l'une des conditions fondamentales est de soumettre les lois au mécanisme du suffrage universel pour automatiquement garantir l'objectivité de la loi ou du droit. Cette systématisation de la liberté basée sur le principe de la majorité relative, est loin de satisfaire les attentes des populations concernées. Ce suffrage universel ou le vote, représente-t-il encore une crédibilité ontologique et politique avérées ? N'est-ce pas une arnaque politique qu'il faut dévisager ? Dans quelles conditions le suffrage universel pourrait être la voie démocratique qui légalise et légitime tout système normatif et juridique ? Cette problématique ouvre notre analyse sur la seconde condition d'objectivité du consensus dans l'élaboration du système juridique.

Le principe du suffrage universel n'est pas pensé philosophiquement, c'est-à-dire dans son essence, on se contente habituellement, d'y voir un simple mécanisme démocratique fondé sur la loi de la majorité. La loi est soumise par ce mécanisme du vote « majoritaire » à un examen de passage pour une légalisation et une légitimation « populaire ». Les subtilités et les intentions inavouées laissent tout citoyen épris de justice sceptique quant à l'efficacité juridique et politique du suffrage universel. La question n'est pas celle de l'expression du droit de vote pour opérer un choix, mais celle de l'aptitude du citoyen à participer effectivement à la gestion des affaires publiques. Dans le droit de vote il y a certes « la reconnaissance légale du savoir du citoyen comme d'un privilège »[26], mais cela ne suffit pas, car la séparation du citoyen et de l'État est à la fois systématique et systémique. Systématique, car l'organe régulateur de la vie sociale traîne encore dans son fonctionnement une hiérarchisation des rôles et des classes ; ce qui ne peut évacuer en lui-même l'injustice sociale dont il est l'incarnation. Systémique, dans la mesure où la bureaucratie présente l'État comme le lieu privilégié à la fois de l'institutionnalisation de l'aliénation et de l'émancipation de l'individu.

---

[25] Paul LADRIÈRE et Claude GRUSON, Op.cit., p.83.

[26] Antoine ARTOUSE, *Marx, l'État et la politique*, Paris, Syllepse,1999, p.53.

Le droit de vote fonctionne comme l'élection. « Un droit démocratique d'accès à ce qui est l'ordre séparé de l'État moderne dans ses deux aspects, le pouvoir législatif et le pouvoir gouvernemental (la bureaucratie). Un droit illusoire et réel dont les deux visages rendent bien compte de la matérialité différente de ces deux formes politiques »[27]. Le pouvoir du peuple ne doit pas être une abstraction du peuple, mais une réalité vécue. Rien de ce qui relève de la vie de la société qu'il soit économique, social et politique ne devrait lui échapper. La validité et la légitimé du suffrage universel doit répondre à cet impératif catégorique « donner aux citoyens les moyens de décider sur toutes les questions essentielles, au niveau où ces questions se posent »[28]. On a cette illustration dans l'expérience de la commune de Paris avec le gouvernement communal ou social. « Ce fut une révolution contre l'État lui-même, cet avorton surnaturel de la société ; ce fut la reprise par le peuple de sa propre vie sociale. Ce ne fut pas une révolution faite pour transférer ce pouvoir d'une fraction des classes dominantes à une autre, mais une révolution pour briser cet horrible appareil de la domination de classe »[29]. La commune symbolise l'avènement d'une société nouvelle marquée par un désir de justice et de liberté. Elle se présente comme une volonté collective marquée par ce cri de la République sociale. Le paradoxe du suffrage universel est que la bourgeoisie qui l'a institué ne peut se faire hara-kiri en se dépossédant du pouvoir politique et économique pour les rendre véritablement au peuple. La subtilité de ce mécanisme qu'on prétend démocratique est une illusion, un prétendu pouvoir que possède les gouvernés en vue de faire et de défaire les gouvernants. Or, ce qui change c'est la forme, le visage de l'élu qui change mais la pratique, voire l'*ontos* de la bureaucratie demeure. Du coup, on se focalise sur ce qui est superfétatoire et l'on perd souvent de vue l'essentiel. Mais qu'est-ce qui est essentiel pour le peuple ? Ce qui est essentiel, c'est une régulation consciente et participative du destin économique, politique et social de l'humanité. En système capitaliste, « règne la loi de la valeur, c'est-à-dire des lois économiques objectives opérant dans le dos des hommes et des femmes et qui règlent, pour l'essentiel, la vie économique et avant tout la répartition des ressources économiques dans les secteurs clés de l'économie »[30]. Or ce dysfonctionnement de la démocratie moderne, est corrigé dans la démocratie populaire dont le principe de choix est basé sur la généralisation du suffrage universel comme l'on a observé, nous le disions tantôt dans la commune de Paris. La commune est une réorganisation de l'espace socio-politique à travers une nouvelle forme de représentation du corps social, bref elle est une sorte de démocratisation du suffrage universel.

---

[27] Ibidem.

[28] François Sabado « Révolution et démocratie » in *Les cahiers de critique communiste*, Paris, Syllepse, 2003, p.61.

[29] Gérard DUMÉNIL et al, *Lire Marx*, Paris, PUF, 2009, p.73.

[30] François Sabado « Révolution et démocratie » in *Les cahiers de critique communiste*, Paris, Syllepse, 2003, p.62.

Elle permet à Marx de faire référence surtout au suffrage universel dans le sens d'une rupture avec la représentation et l'abstraction politique moderne. L'expression du droit de vote s'exerce dans le choix des représentants dans tous les domaines essentiels qui engagent le destin de la population. Le suffrage universel est justement ce droit de tous réalisé, la réalité de la citoyenneté active.

Dans un État raisonnable, « tous ne doivent pas avoir part chacun singulièrement à la consultation et à la décision concernant les affaires de l'État dans leur universalité, car les individus singuliers ont part à titre de tous à la consultation et à la décision concernant les affaires universelles, c'est-à-dire à l'intérieur de la société comme membre de la société. Non tous chacun singulièrement, mais au contraire les individus singulièrement à titre de tous »[31]. Ici la multitude prend part à la délibération et à la décision concernant les affaires publiques dans leur universalité comme multiple-un, (exemple le député ou le maire) par le biais de leur suffrage exprimé.

Ainsi, le grand nombre des membres ou la majorité absolue, devient le principe de l'effectuation de leur participation réelle à cet État. « [Les citoyens] ne sont pas seulement part de l'État, mais l'État est leur part »[32]. Cette interaction État-citoyen où se fait l'assimilation du citoyen à l'État est l'abstraction politique moderne. La question du nombre pourrait être instrumentalisée à des fins purement égoïstes si l'on n'y prend pas garde. Le peuple est souvent assimilé à cet universel. Or si nous faisons un examen de la proportion de ceux qui participent réellement au vote, arithmétiquement, on s'aperçoit qu'il y a un amalgame déconcertant entre l'électorat et le peuple. L'électorat c'est le nombre de ceux qui par simple choix arbitraire du législateur sont constitutionnellement en âge de voter et donc bénéficie dans les conditions encore posées par le législateur du droit de vote. L'âge requis étant de dix-huit ans dans la plupart des États. Or, cette frange de la population est en générale faible par rapport à ceux qui ne participent pas au vote. Du coup, la démocratie est astreinte à une logique du nombre ; ce qu'on peut appeler : la démocratie numérique. C'est pourquoi, dit Marx, « ici le nombre n'est pas dénué de signification »[33]. La totalité exprimée par ce quantificateur universel « tous » pour exprimer la majorité est une abstraction politique. Tous doivent « prendre part aux affaires universelles de l'État et prendre part à l'État sont par conséquent la même chose. Que par conséquent un membre de l'État, une partie d'État prenne part à l'État et que cette participation ne puisse apparaître que comme consultation ou décision ou dans des formes semblables, que par conséquent tout membre de l'État participe à la consultation et décision (si ses fonctions sont saisies comme les fonctions de

---

[31] Karl MARX, *Critique du droit politique hégélien*, traduit de l'allemand par Albert BARAQUIN, Paris, Éditions sociales, p. 179.

[32] Idem., p. 181.

[33] Idem, p. 182.

la participation réelle à l'État) est une tautologie »[34]. Cela montre que le rapport fusionnel ou l'identification du citoyen à l'État n'existe pas réellement. C'est plutôt le citoyen séparé de l'État comme superstructure au-dessus de lui et à laquelle il s'oppose pour se trouver une identité sociale. Autrement dit, la sociabilité n'est pas une fonction anthropologique de l'État qui ne fait que promouvoir l'individualisme et l'égoïsme inhérents à la société capitaliste.

C'est dire aussi que les sujets doivent être membre de l'État par l'institution du droit de vote, mais ne le sont pas en réalité. Le suffrage universel est la ruse politique par laquelle :

> La société civile-bourgeoise pénètre en masse et si possible entièrement dans le pouvoir législatif, que la société civile-bourgeoise réelle veuille se substituer à la société civile-bourgeoise fictive du pouvoir législatif, cela n'est rien autre chose que l'effort de la société civile-bourgeoise pour se donner une existence politique ou faire de l'existence politique son existence réelle. L'effort de la société civile-bourgeoise pour se changer en société politique ou faire de la société politique la société réelle, se montre comme l'effort de la participation la plus universelle possible au pouvoir législatif[35].

La fonction représentative abstraitement politique, montre que l'idée de volonté générale est ambigüe et que « la volonté n'est pas censée ici tenir lieu de loi : il s'agit au contraire de découvrir et de formuler la loi réelle »[36]. Or, le reproche fondamental fait au suffrage universel, c'est de ne pas garantir le fait que malgré l'expression du droit de vote, l'essentiel des choix et des orientations politiques, sociaux et économiques de la communauté politique, échappe toujours à la volonté populaire.

> Fondée sur la propriété privée et l'exploitation capitaliste, liée à la structure de classes spécifiques de la société bourgeoise, [l'élection] ne peut y être que limitée. Les objectifs, les priorités, les besoins de notre société sont décidés, non par les institutions de la démocratie (gouvernement, Parlement, municipalité, etc.) mais par le marché. Ces décisions sont prises par une poignée de grands patrons et financiers qui dominent le marché et ne rendent comptent qu'à leurs actionnaires[37].

La démocratisation du suffrage universel passe par la rupture avec ces règles institutionnalisées pour intégrer l'ensemble des activités sociales et économiques dans le champ de décision de toutes les assemblées élues.

---

[34] Idem, p. 181.
[35] Idem, p. 181-182.
[36] Idem, p. 183.
[37] François Sabado « Révolution et démocratie » in *Les cahiers de critique communiste*, Paris, Syllepse, 2003, p.62.

> La démocratie, c'est également la généralisation du vote et de l'élection. Un homme ou une femme égalent une voix sur la base d'un territoire donné, c'est la formule du suffrage universel. Vieille revendication du mouvement ouvrier contre toutes les formules de suffrage censitaire ou de suffrage restreint, l'extension et la généralisation du suffrage universel dans une société [...] ne doivent pas souffrir d'ambiguïtés. L'élection au suffrage universel de tous les responsables était au cœur de l'expérience de Paris[38].

L'usage du droit de vote, expression de la démocratie, n'est réel que par la participation effective des citoyens à la vie de l'État. Dans la *critique du droit politique hégélien*, Marx pense que la généralisation des droits civiques est essentielle pour une vraie socialisation ; de sorte que la réforme électorale, produira par sa dynamique la dissolution de la société civile-bourgeoise. Cette dissolution au profit de l'avènement de la démocratie véritable ou de l'homme générique, est « pensée comme le produit organique du mouvement de la citoyenneté. Il n'existe plus de problème de droits civiques puisque surgit une sociabilité immédiate de l'homme »[39]. Or, la citoyenneté exige, de nos jours, une réforme de la fonction de formulation et de délibérative à partir de laquelle doit s'élaborer la loi réelle. Elle fut proposée par Habermas même si celui-ci ne l'entend dans la perspective d'une dissolution de la société civile-bourgeoise. Pour lui, « le principe d'universalisation (U) qui, en tant que principe-passerelle, permet d'accéder à l'entente mutuelle... »[40]. Si nous partons du fait que le suffrage universel est un mode de délibération populaire, dans la perspective d'Habermas, cela exige au préalable que dans les interactions des sujets, ceux-ci soient d'accord pour coordonner de façon intelligible leurs plans d'action.

Alors, le suffrage universel devient l'expression de l'intercompréhension comme condition normative et juridique de validité de la loi. Il doit donc avoir la reconnaissance intersubjective de cette exigence de validité. Lorsqu'il s'agit de « processus d'intercompréhension explicitement linguistiques [et juridiques], les acteurs, en se mettant d'accord sur quelque chose, émettent des exigences de validité ou précisément des exigences de vérité, de justesse ou de sincérité selon qu'ils se réfèrent à quelque chose qui se produit dans le monde objectif (en tant qu'ensemble des états-de-choses existants), dans le monde de la communauté sociale (en tant qu'ensemble de relations interpersonnelles légitimement établies au sein du groupe social »[41]. C'est dire que le mode opératoire qui n'a que pour aboutissement, le suffrage universel ou la délibération populaire, est avant tout la discussion inclusive et participative. Cette discussion propose un acte de parole dans lequel les

---

[38] Idem, p.63.
[39] Antoine ARTOUSE, Op.cit., p.109.
[40] Jürgen HABERMAS, Op.cit., p.78.
[41] Idem, p.79.

participants s'engagent à faire prévaloir la vérité et la justesse par une argumentation-conviction pour convaincre. Il s'agit de convaincre par et dans la parole.

La participation du peuple ne doit pas être perçue comme une simple validation d'une loi ou d'une constitution encore moins l'élection des responsables comme représentant du peuple. Cette pratique peu démocratique a pour corollaire de biaiser les fondements sociaux et ontologiques du principe de l'universalité ou de la représentativité. En effet, l'universel ou la représentativité, exige l'intégration sociale et l'intégration systémique, car ces mécanismes sont intrinsèquement liés aux structures de l'agir communicationnel orienté vers l'entente. L'entreprise et l'administration sont des domaines d'activité qui représentent les lieux de l'intégration systémique, tandis que la sphère privée et l'espace public sont les lieux de l'intégration sociale qui structurent le monde vécu et où s'expriment et se forgent les savoirs, les opinions, les préférences.

Tout ceci milite pour le bien-être par le biais des débats publics toujours couronnés par une volonté politique. En procédant ainsi, on évite à la société à la fois la crise d'identité liée à un manque d'intégration sociale dans le cas du monde vécu, et la crise de régulation dans le cas d'un dysfonctionnement de l'intégration systémique. Or, ce sont ces deux crises que le suffrage universel n'arrive pas à résoudre. Voilà pourquoi, l'idée d'une démocratisation de ce mécanisme politique ou encore sa déconstruction s'impose aujourd'hui. Par ailleurs, « la bourgeoisie ayant domestiqué le suffrage universel en le subordonnant à la logique capitaliste, il y a eu et il y a encore une méfiance [du peuple] vis-à-vis du suffrage universel... »[42]. Le dysfonctionnement du suffrage universel est dû à cet amalgame stratégique de la bourgeoisie régnante de l'État, de la démocratie, des institutions et des intérêts en jeu. Alors que nous savons que le suffrage universel est le cadre privilégié de l'expression de la démocratie. En faisant du vote, une sorte d'initiative populaire, on laisse croire au peuple une liberté qu'il n'a que de manière formel. Il faut donc libérer le suffrage universel de sa subordination systémique aux rapports de production pour faire de lui l'expression authentique de la démocratie.

> Cette appréciation a des implications tactiques et stratégiques pour le [peuple]. Celui-ci doit apparaître comme une force qui élève à un niveau jamais égalé la pratique de la démocratie ; par la généralisation de vote sur toutes les questions essentielles, tant dans la société que dans les entreprises et l'élection démocratique de tous les responsables. En ce sens, tout ce qui est attaché au suffrage universel et plus généralement aux libertés démocratiques doit être garanti et développé : droit d'expression, droit d'organisation, liberté de la presse, pluralisme syndical et politique, représentation proportionnelle des

[42] François Sabado « Révolution et démocratie » in *Les cahiers de critique communiste*, Paris, Syllepse, 2003, p.64.

positions et courants politiques, parité hommes-femmes, non-cumul des mandats, possibilité de révocation des élus, référendums d'initiative populaire[43].

De cette considération, découle une affirmation de soi pour sa nation, comme condition et désir pour une politique ouverte à la diversité constitutive de la communauté politique. Cette ouverture laisse apparaître le débat sans fin mais constructif de la société humaine. La possibilité comme le disait Habermas, d'une communication est la condition de cette liberté intelligiblement assumée. « L'absence de communication totalitaire, [est] le résultat de la désolation ayant fait du peuple une masse amorphe, réduit [...] en une unité vide »[44]. Toute délibération populaire doit s'inscrire dans une communication interactive et discursive. Cette distance communicationnelle qui caractérise toute légifération, empêche chaque individu d'affirmer sa citoyenneté, son droit à la différence et à la décision de ce qui engage sa vie.

C'est pourquoi, le citoyen ne peut décider s'il ne comprend pas ce qu'il fait ou doit faire. La citoyenneté active, est d'abord un acte singulier que nulle décision collective ne peut imposer, mais qui relève d'une politique concrète notamment éducative et sociale. « Le citoyen qui va délibérer acte collectif, quoique lesté de multiples influences, se rend seul sur la place publique, avec sa conscience et ses passions et c'est ce qui crée l'indétermination de principe du débat dans une démocratie »[45]. Sa responsabilité face à l'acte délibératif est morale et juridique. Morale, parce que cela suppose la reconnaissance de la légitimité sociale de la norme ou de la loi. Juridique, car la loi à laquelle l'on adhère est porteuse de liberté et de justice non seulement pour soi-même mais aussi pour tous. Ce qui veut dire qu'il y a dans l'acte citoyen une objectivité qui rime toujours avec cet idéal d'universalité et qui démontre la nécessité du vivre-ensemble et de la cohésion du corps social.

> Il ne suffit même pas que tous les individus procèdent, chacun dans son coin, à cette délibération, pour qu'ensuite on enregistre leur suffrage. Ce qui est exigé, c'est une argumentation réelle à laquelle participent, en coopération, les personnes concernées. Seul un processus intersubjectif de compréhension peut conduire à une entente de nature réflexive ; c'est ensuite seulement que les participants peuvent savoir qu'ils sont parvenus en commun à une certaine conviction[46].

Or, le conformisme démocratique consiste en réalité à un simulacre de référendums ou des élections en Afrique à l'issue desquels les crises

---

[43] Idem, p.64-65.

[44] Nicolas TENZER, *Philosophie politique*, Paris, PUF, 1994, p.19.

[45] Ibidem.

[46] Jürgen HABERMAS, Op.cit., p.88.

postréférendums ou postélectorales remettent en cause le consensus de façade, car les conditions objectives de sa réalisation ne sont aucunement observées.

L'élection ne préconise pas la déconstruction des institutions existantes puisque toutes sont associées à des superstructures de domination, il n'exige pas une phase propédeutique réelle faite de discussion constructive et rationnelle. De même il ne produit pas de critique ad hoc des relations sociales en vue d'extirper tous les germes d'injustice, de contestations et de frustrations sociales qui peuvent compromettre la validité de la loi ou du jeu démocratique. Aujourd'hui, le suffrage universel se contente plutôt d'une assimilation superficielle et d'une adhésion mécanique fondée sur le principe de la « majorité ». Il est vicié par la bourgeoisie et détourne constamment le droit des citoyens au profit des exigences du capital. On doit imposer un droit de citoyenneté par une relance de la discussion sur les fondamentaux d'une société vraiment démocratique. Au-delà du suffrage universel qui n'est qu'une composante de la démocratie, il faut déconstruire celle-ci dans sa version actuelle des droits de l'homme, par un débat critique.

> Oser s'emparer des préambules de nos constitutions…et les retourner contre le capitalisme en disant chiche et exigeant, au nom des droits proclamés, les moyens réels de leur application ! Là est la subversion radicalement démocratique, et non dans une citoyenneté étriquée sur des bases sociales ou dans le rejet des droits proclamés. En disant chiche à l'universalité des droits, alors on décortiquera avec les travailleurs combien d'entre eux sont élus dans les parlements (et pourquoi ?), avec les femmes tout ce qui fait obstacle à l'égalité proclamée avec les hommes, avec les immigrés le pourquoi des droits inégaux. Et en imposant le débat sur les moyens de tendre vers des droits universels, on touchera nécessairement aux droits du capital et du travail, aux inégalités sociales dans l'accès à l'éducation, à l'information, à la santé, aux services publics et la logique du plus fort de la concurrence… Il faut donc pousser le débat sur la remise en cause des sources profondes des inégalités réelles, en soulevant la question de l'articulation démocratie politique/ démocratie économique[47].

Le projet social que veut porter la démocratie ne peut devenir une réalité que par cet engagement citoyen de tous qu'impose toute lutte politique pour la justice sociale. Ce qui demande de mener une critique des institutions telles qu'elles se présentent aujourd'hui, « de contester l'ordre social qu'elles gèrent et de développer toutes sortes d'apprentissages démocratiques permettant d'imaginer, même si l'on rejette l'utopie de modèles achevés, des lendemains qui ne doivent pas déchanter »[48]. Ainsi à l'abstraction citoyenne de la société capitaliste va se substituer la citoyenneté active et l'égaliberté dont parle

[47] Cathérine Samary « De la citoyenneté à l'autogestion » in *Les cahiers de critique communiste*, Paris, Syllepse, 2003, p.92.
[48] Idem, p.89.

Étienne Balibar. Autrement dit, le couple liberté et égalité modernes qui confère à chaque citoyen arithmétiquement une voix = un bulletin et dont le décompte final serait la délibération collective ou populaire. Une délibération populaire ou suffrage universel qui se fait préalablement sur la base de la discussion, ne serait vu d'un œil malveillant par les citoyens. Celle-ci n'est qu'un moyen pour les citoyens de faire connaître leurs préférences sur la base de l'intercompréhension, car cela supposerait que les choix que le suffrage universel exige ne soient pas prédéterminés, arrêtés avant ce travail de détermination réciproque inclus dans l'acte de communication.

Une délibération qui ne se conforme pas à cette règle de transparence et d'objectivité servirait politiquement à rien et la politique se réduirait comme nous le constatons aujourd'hui à un pur marchandage entre des positions connues d'avance et arrêtées une fois pour toutes. « [Le suffrage] n'apporterait plus rien en tant que communication et l'on pourrait revenir à la situation rousseauiste d'une absence de rapport de langage entre les gens avant que ne surgisse la volonté générale »[49]. La communication pratique consiste à tester la validité de la loi et voir si celle-ci fait l'unanimité de toutes les personnes concernées. Ce qui veut dire que le suffrage universel ne devrait pas être un procédé que les experts de la loi ou du droit, soumettent à validation après qu'ils aient eux-mêmes, dans l'antichambre, décidés de ce qui est bien pour le peuple. Pour Habermas « D [discussion] nous fait prendre conscience de ce que U[universel] n'exprime que le contenu normatif d'un procédé par lequel la volonté se forme dans la discussion »[50]. La discussion aboutit toujours à l'évidence indubitable du monde vécu. Sans l'évidence du monde vécu, l'intercompréhension manquerait de consistance à partir de laquelle elle peut s'édifier. Le citoyen est celui qui doit, à un moment décisif qui engage sa vie et celle de sa nation, tenter de remettre en cause, soumettre à l'examen critique de sa raison, toutes les propositions de loi qui lui sont faites, scruter leur validité, avant d'y adhérer par le biais du vote comme une évidence de sa conviction personnelle. Autrement dit, cette évidence de la précompréhension propre à la société humaine, loin d'être imposée, doit être testée, soumise à épreuve, critiquée, pour devenir l'entente argumentée de l'intercompréhension subjective spécifique à l'agir communicationnel.

Le monde que veut réguler la loi est après tout le monde social qui nous concerne directement, car il est celui du rapport entre l'homme et l'État, entre éthique et droit, entre éthique et économie. Il se définit pour cela comme l'ensemble des rapports sociaux diversement institutionnalisés. Dès lors, « les lois qui le régissent ne préexistent pas à l'intervention des agents sociaux. Ces lois sont celles dont l'homme est, socialement et politiquement, l'auteur. […] Ce sont fondamentalement les lois de la liberté »[51]. À ce titre, ces lois doivent

---

[49] Nicolas TENZER, Op.cit., p.68.
[50] Jürgen HABERMAS, Op.cit., p.137.
[51] Paul LADRIÈRE et Claude GRUSON, Op.cit., p.82.

faire l'objet d'une connaissance et d'une reconnaissance par ceux qui sont concernés. L'acte d'intégration et de participation est le socle de l'union autour d'un objectif commun que véhicule ici la parole dans sa fonction communicationnelle et argumentative. Cette juridiction de la parole trace le cadre opérationnel d'un consensus bien élaboré et rationnel établi sur une base d'équité et d'égalité des acteurs en jeu. Il est urgent compte tenu de l'incertitude du droit et des normes qui la sous-tendent, de la déresponsabilisation dans l'espace public où l'on assiste à une régression du droit et à l'illusion de la transparence que veut instituer le suffrage universel. Sans oublier la perte des repères sociétaux, de « redonner au sujet de droit la parole qui lui est confisquée et qu'il délègue à ceux qui jamais ne pourront penser à sa place »[52]. La juridiction de la parole remplit la fonction d'un mécanisme de coordination de la prétention des acteurs en présence à la validité de la loi.

Les acteurs ne laissent pas des experts faire le travail d'élaboration des conditions normatives et juridiques de la loi, ils sont eux-mêmes les auteurs des propositions. « Ces propositions sont des actes communicationnels au moyen desquels les participants à l'interaction, devenus tour à tour, [...] locuteur, auditeur et témoin, cherchent à s'entendre sur leur situation pour parvenir à coordonner leurs actions d'un commun accord. Parce que ces propositions sont énoncées en vue de l'entente, les acteurs les veulent réciproquement acceptables, crédibles, valables »[53]. La délibération collective dans ce cas, n'est pas un marché, car elle suppose une marge de négociation en augmentant le sens de ce que chacun a en propre par l'intégration d'un sens nouveau, une nouvelle perception issue de la confrontation avec autrui. Le suffrage universel devient dans ces conditions le cadre de l'expression de toute vraie démocratie.

Il participe à l'édification d'une nouvelle société où l'individu acquiert une universalité pratique et concrète, par le fait que son implication active lui donne la conviction d'être bien intégré dans sa société et d'y apporter sa contribution au plan politique. Le système électoral est un moyen de validation juridique et normatif qui, sous-entend une interaction débouchant sur une délibération collective consensuelle orchestrée par une communauté communicationnelle. Toute tentative qui voudrait outrepasser la phase propédeutique en amont à toute validation d'une loi, est vouée à l'échec. La discrimination dans la prise de décision persiste encore dans la démocratie moderne qui traîne encore les résidus d'une aristocratie moribonde et, justifie l'isolement de l'individu d'avec l'État et la fragilisation du pacte social. « Sans l'horizon propre au monde vécu [du] groupe social, et sans conflits d'action inhérents à une situation donnée dans laquelle les participants estiment devoir régler par le consensus une querelle portant sur un problème

[52] Jean-Godefrey BIDIMA, Op.cit., p.36
[53] Paul LADRIÈRE et Claude GRUSON, Op.cit., p.86.

de société, vouloir mener une discussion pratique ne représenterait aucun intérêt »[54]. Le *télos* de la discussion, ce vers quoi il tend par lui-même, est l'intercompréhension. Mais le langage peut être détourné de sa fin, il peut être objet de manipulation. On peut mener des discussions, des consultations avec les différentes couches sociales pour recueillir leurs suggestions, observations et contributions sans pour autant les prendre en compte ou juste pour le conformisme démocratique. En ce moment, la discussion devient une simple formalité ou ruse pour le politique qui, au-delà de la communication intersubjective, a une intentionnalité politique déterminante différente de celle des acteurs sociaux en présence. Or, la loi est l'expression reconnue comme valide d'un accord existant à l'intérieur d'un groupe social. Cet accord est fondamentalement de nature axiologique, car il porte sur des valeurs cardinales de la société, entre autres la justice, la probité et l'éthique.

La loi dans ce contexte ne peut être l'affaire exclusive d'experts, mais elle présuppose une implication active des citoyens à l'interaction plus exigeante que la simple conformité aux lois. Il faut pour rendre la loi efficace, supposer une intelligence objective des fins qu'elle poursuit, c'est-à-dire une connaissance conceptuelle et objective des processus rationnels de délibération et des procédures juridiques qui la déterminent. Ainsi, le principe de l'interdiction de l'arbitraire sera dans cette approche téléologique synonyme d'une justice sociétale basée sur la liberté contractuelle, l'égalité et l'équité. Le suffrage universel devient le lieu politique ou se scelle un pacte de confiance entre les gouvernants et les gouvernés. Il caractérise un processus d'objectivation de l'unité systémique de la démocratie. À Cet égard, « pour Hegel la politique est incontestablement la vie d'un peuple uni et conscient de son unité (en soi et pour soi) dans l'entité politique »[55]. Cette unité se retrouve dans la forme de délibération populaire. Elle traduit la fonction capacitaire du corps social de se conformer aux mécanismes institutionnels par lesquels il exerce son pouvoir matériellement et spirituellement au sein de l'État. Le sentiment d'égalité juridique et participative au choix, à l'organisation politique et à l'arbitrage, est ici, exprimé dans le suffrage universel. La liberté civique et la capacité du citoyen d'exercer son droit de vote, constituent le fond vital et l'épanouissement d'une citoyenneté agissante et en pleine maturation. Liberté et égalité deviennent dans ce contexte des catégories substantielles de l'homme socialisé.

II-La dialectique de « l'égaliberté » : vers un humanisme juridique :

La particularité de la déclaration des droits de l'homme au lendemain de la révolution française, c'est qu' « elle ne renvoie pas aux idéologies préexistantes du droit naturel, mais, au contraire, signifie l'ouverture de la

[54] Jürgen HABERMAS, Op.cit., p.125.

[55] Sergio COTTA, *Ontologie du phénomène juridique*, Paris, Dalloz, 2015, p.78.

crise [du droit] »[56]. En assimilant les droits de l'homme aux droits politiques, l'enjeu est tout simplement de montrer que le droit n'est autre chose que ce que l'État a décidé. En effet, l'influence considérable du droit naturel sur le pouvoir est en elle-même contraignante pour celui-ci. Le droit naturel face au pouvoir, joue un rôle d'opposition. « Les philosophes du XIIIe siècle [étaient] contre l'absolutisme de l'Ancien Régime. Aujourd'hui encore, la plupart de ceux qui invoquent le droit naturel le font pour critiquer des lois établies »[57]. C'est pourquoi, cette identification, dans la déclaration universelle des droits de l'homme, de ces dits droits de l'homme aux droits politiques, est un procédé qui permettait donc aux yeux des théoriciens du droit positif, d'éviter l'affaiblissement du pouvoir. L'autonomie et la liberté citoyenne étaient des mobiles déterminants de la notion de droits de l'homme. L'idée est la poursuite du plus grand bien pour la majorité, donc de protéger les citoyens. Cette conception s'opposait radicalement à l'idée que le souverain n'est responsable que devant Dieu. Il y a un changement de perspective institué par les droits de l'homme relativement au rapport entre l'État et le citoyen. Désormais les gouvernants sont responsables devant leurs peuples respectifs à qui ils doivent rendre compte de façon transparente ou démocratique. La déclaration des droits de l'homme « n'installe aucune nature humaine en amont de la société, de l'ordre politique, comme un fondement sous-jacent ou une garantie extérieure, mais elle identifie intégralement les droits de l'homme à des droits politiques, et, par ce biais, court-circuitant les théories de la nature humaine aussi bien que celles de la surnature théologiques, elle identifie l'homme individuel ou collectif au membre de la société politique »[58]. L'essence ce ces droits fondés sur l'égalité et la liberté de tous, fait de cette déclaration une identification à la fois théorique et fonctionnelle.

Mais l'ambiguïté de cette identité entretient tout scepticisme à l'égard de ces droits. Il est toujours dangereux que les droits de l'homme restent lettre morte. Aujourd'hui, il est question de tendre vers un réel humanisme des droits de l'homme, c'est-à-dire repositionner ces droits dans leur fonction de promotion de la liberté et de l'égalité comme catégories socialisantes. L'entreprise est d'une témérité extraordinaire, mais cela vaut la peine si nous voulons redonner le vrai sens du droit positif articulé sur des valeurs de justice et de démocratie. La passion de la liberté renaît dans un monde en crise des valeurs sociétales qui fondent la démocratie moderne. De même que la passion pour l'égalité occupe toujours le fond des cœurs des citoyens qui ont du mal à comprendre la persistance d'une discrimination négative dans tous les domaines de la vie sociétale. C'est à juste titre que le concept de « l'égaliberté » ne doit pas être perçu comme le moyen d'obtenir de simples satisfactions matérielles mais la manifestation concrète d'un bonheur toujours

---

[56] Antoine ARTOUSE, Op.cit., p.154.

[57] Maurice DUVERGER, *Droit constitutionnel et institution politique*, Paris, PUF, 1958, p.56.

[58] Antoine ARTOUSE, Op.cit., p.154.

grandissant de l'humanité. Cet idéal de bonheur cosmopolite de par le caractère universel des droits de l'homme, est réaffirmé dans le préambule de la déclaration française des Droits de l'homme et du citoyen (1789) : « Les représentants du peuple français [...] considérant que l'ignorance, l'oubli ou le mépris des droits de l'homme sont les seules causes des malheurs publics, et de la corruption des gouvernements, ont résolu d'exposer, dans une déclaration solennelle, les droits naturels, inaliénables et sacrés de l'homme, afin que cette déclaration, constamment présente à tous les membres du corps social, leur rappelle sans cesse leurs droits et leurs devoirs [...] afin que les réclamations des citoyens, fondées désormais sur des principes simples et incontestables, tournent toujours au maintien de la Constitution et au bonheur de tous... »[59]. Tout système juridique est motivé par cette conviction de faire le bien-être des citoyens par la sécurité de leur vie et de leurs biens. C'est aussi un système normalisé qui se résume au droit à la vie de tout être humain. Les droits politiques et civils prônés et incorporés dans la déclaration universelle des droits de l'homme, constituent essentiellement l'expression d'une aspiration légitime de mieux vivre qui, limite tout abus du pouvoir et invite l'État à l'exercer d'une manière juste et équitable pour tous. Ces droits qui traduisent la liberté et l'égalité sont devenus universels par le fait d'une ratification de tous les gouvernements du monde.

La formulation des droits politiques et civils laisse entièrement ouverte la question de l'égaliberté , car ce sont ajoutés à ces droits, de nouveaux droits positifs dits sociaux et économiques légaux pour lesquels on réclame une dignité égale, une équité dans le traitement des individus. Ce qui veut dire que le gouvernement peut et doit légitimement être employé pour déterminer la situation matérielle respective des divers individus et groupes dans l'instauration d'une justice sociale. La liberté et l'égalité sont dans un rapport d'identité qui montre qu'on ne peut comprendre l'un que par l'autre, tout comme la négation de l'un entraîne systématiquement celle de l'autre. Mais, selon Étienne Balibar, est nécessaire « une identification des deux concepts [...]. La déclaration dit en fait que l'égalité est identique à la liberté [...]. Chacune est l'exacte mesure de l'autre. C'est ce que je propose d'appeler, d'un terme volontairement baroque, la proposition de l'*égaliberté* [...] car il donne à la fois les conditions sous lesquelles l'homme est de part en part citoyen, et la raison de cette assimilation »[60]. Il y a un réalisme du concept qui exige un détachement de l'abstraction juridique pour réinvestir le droit le domaine social de la vie concrète et dans sa diversité. C'est pourquoi, l'égaliberté prend en compte la logique politique et les fins ainsi que les expériences comme critères d'évaluation de la vérité juridique et normative. Ce qui permet de redynamiser toute société démocratique.

---

59 Walter LAQUIER et Barry RUBIN, *Anthologie des droits de l'homme*, traduit de l'américain par Thiery Pielat, Paris, Nouveaux horizon, 2002, p.152.
60 Etienne Balibar in Antoine ARTOUSE, Op.cit., p.155.

Les droits de l'homme ne sont pas un simple attribut du sujet, mais structurent le rapport de celui-ci avec la communauté politique. L'ordre politique et social se réalise désormais en dehors de toute transcendance et redevient l'affaire d'une autoconstitution du peuple. Il est impossible de comprendre le concept de liberté et d'égalité entre les individus hors de leur inscription dans un ordre social qu'elles contribuent à modifier ou à définir. Dès lors, l'invocation des droits de l'homme doit résoudre toutes les dérives totalitaires dont se distinguent les États modernes. Or, c'est ce paradoxe jusque-là irrésolu de la démocratie qui éveille de plus en plus, ce désir sans cesse croissant de liberté au sein des peuples et surtout de la jeunesse mondiale.

On assiste aujourd'hui à une universalité négative du droit, car les conditions historiques dans lesquelles il est apparu ne peuvent obéir au concept de l'égaliberté d'Étienne Balibar. L'émancipation de l'individu est la réalisation de cette symbiose de l'égalité et de la liberté que l'on retrouve dans cette incompatibilité systémique entre la démocratie et l'économie. Si bien que la seconde est ce qui détermine les conditions d'une démocratie ; une sorte de subordination de la politique à l'économie. « Reste à rendre compte du rapport social qui nourrit cette dialectique des formes sociales dans lequel s'inscrit celle de l' égaliberté dont il est difficile de ne pas remarquer que la réversibilité des deux catégories que veut souligner Étienne Balibar par cette formule est en homologie avec la structure des rapports marchands et la façon dont, tour à tour, elle désigne les individus »[61]. L'égalité et la liberté remplissent ici une fonction normative dans l'interaction marchande et permet d'occulter l'aliénation dont les individus sont victimes. À partir du concept d'égaliberté, Étienne Balibar esquisse une nouvelle réflexion de l'État, de la souveraineté dans une approche ontologico-sociale, c'est-à-dire de ce qu'ils doivent être et non ces catégories de ce qu'ils sont. Car l'insatisfaction des peuples démontre le fait que les conditions qui président à la coïncidence des intérêts du peuple et de l'État et de l'économie ne sont pas garanties par la démocratie.

Or, la spécificité de l'État moderne est de s'appuyer sur l'assujettissement des citoyens. Autrement dit, leur constitution en sujet politico-juridique. « La référence aux droits de l'homme ainsi compris sert alors non pas à instituer ce qui serait l'autonomie introuvable du social face à l'État, mais fonctionne comme l'horizon de luttes visant, face à l'État capitaliste, à une nouvelle institution politique, disons démocratie-radicale, du social »[62]. Cet idéal démocratique reste pourtant incertain. La démocratie est conflictuelle et ne produit aucun lien social durable, elle est pari sur l'harmonie du corps social mais ne la garantie pas nullement. C'est donc un idéal à venir qu'il faut construire qui appelle certes à l'unité, mais n'est que la substance du pacte

[61] Idem, p.156.
[62] Ibidem.

social et sa globalité. Si la démocratie est un contrat social, cela voudrait dire qu'elle suppose la justice. C'est pourquoi, devant l'incertitude de la justice qu'aucune démocratie populaire, républicaine, sauvage ou radicale ne peut empêcher, car la dissolution des références (droit, égalité et liberté) a rompu la possibilité d'une homogénéité de l'ordre social, il ne faudrait pas néanmoins désespérer de la démocratie ou mieux de la démocratisation. Nous constatons de plus en plus que l'effectuation d'une égalité agissante contrairement à l'égalité juridique est insuffisante.

Il faut réaliser l'égalité ou l'équivalence par la négation active de l'inégalité, car la négation active du donné pour la création d'une réalité nouvelle n'est rien d'autre que l'accomplissement d'un devoir, celui d'une humanisation des conditions politico-juridiques qui prédisposent à une réelle socialisation. Ce qui veut dire que l'émancipation est un processus d'effectuation des droits et de la citoyenneté active. Elle permet de renouer avec l'humanité en tant que valeur éthico-politique qui cimente nécessairement le lien et le contrat social. Dans ce cas, « la souveraineté se comprend, logiquement, comme l'acte d'unification du peuple, alors présent comme État »[63]. L'État rationnel par extension, va chez Hegel, s'incarner dans ce qu'on appelle peuple comme unité totalisante des individualités. L'élaboration raisonnée d'une logique de l'institutionnelle et de la valeur est cette méthode effective de la politique sous la forme substantialisée de l'État rationnel. L'État porte ainsi désormais le sceau axiologique et social de l'élévation à la citoyenneté véritable et devient par-là l'effectuation du rationnel.

Ici, Hegel pense l'État à partir de déterminations logico-métaphysiques. Par contre Marx considère que l'activité philosophique doit permettre à la pensée de s'incarner dans les déterminations politiques pour que l'unité réelle s'appréhende plutôt au niveau du *dêmos*, c'est-à-dire le peuple concret, le vrai souverain. Marx perçoit dans la conception hégélienne de l'État le culte de l'individualisme absolu et de l'homme séparé d'avec lui-même et d'avec ses semblables. En opérant le renversement dialectique de la pensée hégélienne de l'État, il part de la citoyenneté, la communauté politique afin de la rendre concrète, c'est-à-dire faire de la citoyenneté la véritable fondation du lien social. L'ordre politique quel qu'il soit, doit être effectivement, le lieu de la réalisation des fins politiques et sociales de la communauté. Cette objectivité de l'État est confrontée à des antinomies structurelles, sociales et normatives qui compromettent ce résultat.

---

[63] Jérôme Lèbre « Présence de l'État ou présence du peuple ? Volonté et théorie de la souveraineté dans les Principes de la philosophie du droit » in Jean-François Kervégan et Gilles Marmasse (dir), Op.cit., p.227.

III - Antagonisme entre société civile, État rationnel et État de droit

La genèse de l'État et de la famille en passant par la communauté, la société civile et l'État-nation, exige une analyse critique pour ne pas y voir forcément une mutation de l'un en l'autre ou de l'un vers un état de perfectionnement. Notre approche des deux notions politiques (société civile et État rationnel) est la résultante de l'essence du politique marquée par la dichotomie société civile-bourgeoise et l'État rationnel. « La séparation de la société civile-bourgeoise et de l'État politique apparaît nécessairement comme une séparation de membre (bourgeois) de la société politique, du citoyen, d'avec sa réalité réelle propre, empirique, car, en tant qu'idéaliste de l'État, il est une essence tout autre, qui diverge d'avec sa réalité, en est différente, lui est opposée »[64]. Cette opposition systématique que Hegel tente de surmonter dans la société politique se présente comme un moment ou le particulier connaît une excroissance telle qu'il acquiert chez lui, la signification de l'universel, ce travestissement de la nature intrinsèque du sujet (le particulier) qui passe pour le tout. Cette forme organisatrice du politique, fonctionne chez Hegel, en tant que faculté séparatrice qui s'installe dans le dualisme entre l'État politique et l'État rationnel.

Les volontés particulières constituent au mieux un ensemble d'intérêts privés qui ne trouvent satisfaction que dans un milieu apolitique, c'est-à-dire la société civile. Dans l'État hégélien ou l'État rationnel, chaque sujet se représente sa propre volonté sous la forme à la fois subjective et objective d'un Dieu. L'essence de la souveraineté se manifeste dans la volonté qui est la véritable substance de l'État. Or, la communauté politique ne peut surgir qu'à partir de la dissolution de cette dualité théologico-politique. C'est donc une nécessité et un réel besoin de laïcisation qui permet d'effacer le rapport de l'homme à Dieu pour que s'instaure définitivement le lien interhumain où, les citoyens se retrouvent dans la dynamique d'une interaction constructive. Cette analogie entre l'État et Dieu, chez Hegel, renvoie à un absolutisme radical où les libertés sont ainsi remises en cause, car « l'État est posé comme un être infini, comme une totalité, comme activité pure, comme autodétermination, bref comme doté de tous les attributs de la divinité »[65]. La perception d'un État authentique est brouillée par la représentation théologique du monde politique. Le besoin politique est un réalisme politique susceptible de penser et de résoudre la problématique de la condition humaine terrestre. La légitimité du questionnement philosophique concernant le politique se fonde sur l'autonomie du politique. Ce qui débouche sur la constitution d'une conception mondaine du politique et ouvre l'ère de la liberté. On constate, à partir de là que l'autonomie politique est coextensive au social.

---

[64] Karl MARX, Op.cit., p.132.

[65] Miguel ABENSOUR, *La démocratie contre l'État : Marx et le moment machiavélien*, Paris,Félin, 2004, p.51.

> L'idée de l'autonomie du concept d'État s'enrichit d'autres déterminations, ou plutôt connaît une extension de caractère spéculatif. Considérer l'État avec des yeux humains, découvrir la loi de gravitation de l'État, poser que le centre de gravité de l'État réside en lui-même [...] à savoir : 1/ que pour appréhender la logique de l'État, il faut se libérer du théologique ; 2/ que cette émancipation n'est pas seulement une libération sous forme de séparation, de négation, mais qu'elle doit se hausser au niveau d'une position, d'une liberté affirmative ; c'est dire que cette logique de la politique à des ordres autres que le politique et de nature à livrer une genèse empirique de l'État, sous peine d'occulter aussitôt cette dimension que la pensée vient de recouvrer[66].

C'est dire que la politique doit se muer en une religion et non le contraire comme elle se présente chez Hegel. La question primordiale est de savoir quelle forme d'État peut satisfaire les besoins des citoyens et susciter l'adhésion de ceux-ci, en vue de coordonner les efforts des membres de la société. Ce qui a pour objectif d'effectuer un certain type de distribution considéré comme juste. L'État authentique devrait répondre positivement à ces prérogatives. Si « l'existence d'un tel [État] est supposé, la question du partage des moyens disponibles pour la satisfaction des besoins devient en effet une question de justice »[67]. Or il serait utopique de croire en l'existence d'un tel État, qu'il soit démocratique, rationnel, socialiste ou communiste. Seule une déconstruction de l'État-nation pour rendre intelligible et transparent l'ordre universel de la société mondiale, pourrait nous permettre à même de comprendre que « l'effort délibéré vers un objectif concret collectif qui semble à la plupart des gens plus méritoire et plus noble que le respect inconditionnel de règles abstraits, ne pourrait qu'annihiler cet ordre plus vaste sur lequel tous les êtres humains s'appuient généralement »[68]. Cette forme d'intelligence politique est dans la recherche de la société propre à l'humanité, un moyen efficace pour débusquer les formes d'aliénations aussi bien spirituelles que matérielles qui sont aux antipodes d'une réelle émancipation. Marx par d'abord de cette idée de la philosophie hégélienne.

> Sa critique de l'antinomie non résolue entre deux déterminations de l'État, selon Hegel : d'une part, par rapport à la société civile bourgeoise et à la famille, l'État serait dans un rapport de nécessité extérieure, de l'autre, il serait leur fin immanente. Antinomie non résolue et telle que l'État présenterait un double visage : du côté de la nécessité extérieure, il y aurait dépendance et subordination, l'être autonome de la société civile et de la famille serait subordonné de l'extérieur à l'État, l'identité serait seulement externe, car obtenue dans un rapport non exempt de violence ; du côté de la fin immanente,

---

66 Idem, p.55.

67 Friedrich HAYEK, *Droit, législation et liberté, TII, le mirage de la justice sociale*, traduit de l'anglais par Raoul Audouin, Paris, PUF, 1982, p. 77.

68 Idem, p. 174.

il n'y aurait ni dépendance, ni subordination mais identité harmonieuse, identité interne puisque famille et société civile ne seraient que des moments dans la montée vers l'Idée, vers l'universalité objective de l'État[69].

Cette critique obéit à une volonté politique, chez Marx, qui consiste à opposer, à un mode de pensée bureaucratique et bourgeois de la politique et du monde vécu, un mode de pensée démocratique de la politique afin d'élaborer une pensée de la démocratie et une pensée du communautarisme en harmonie avec la démocratie citoyenne, c'est-à-dire celle qui a pour finalité l'Homme. L'engagement politique implique une critique sociale dont le degré de radicalité dépend de l'aggravation de la précarité et de la marginalisation dont souffre la société. Il prend tout son importance dans la transformation de la société qui promeut plus de justice sociale. Dans ce contexte, l'État rationnel reste encore dans le champ métaphysique, dans la mesure où il continue de mettre en œuvre la dérivation de l'agir à partir d'un référent. Or, la déconstruction de cette forme de l'État passe par une philosophie pratique ou *praxis* qui, s'attaque aux abstractions politiques modernes caractéristiques des démocraties modernes. Le citoyen est confronté dans son quotidien à la tension entre exigences juridiques et exigences du social.

Le *dêmos* s'est vu substituer dans l'État rationnel par la raison au principe du peuple qui, représente la substance d'une vraie démocratie. Dès lors, s'impose un nouveau critère de légitimité du pouvoir, car « avec Heidegger, la production de cet ancrage métaphysique devient désormais [inefficace] »[70]. Aujourd'hui, la forme État-nation et l'érection de l'État bourgeois n'acquièrent de légitimité que s'ils parviennent à reconstruire un monde social où, le peuple dans ses différentes composantes, participent effectivement aux procédures d'institution et d'instauration démocratiques de l'autorité. Ce qui offrirait des possibilités de choix créateurs de valeurs transformatrices.

C'est donc une appropriation collective qui est synonyme de transformation. Dans ce sens, on assistera plus aux conflits entre les hommes qui domineront la société mondiale devenue positive, car ses buts coïncidents avec ceux des exigences des citoyens grâce à la satisfaction des besoins physiques et moraux et, par la production de biens matériels et intellectuels nécessaires. La politique, ici apparaîtra comme une stratégie de reconstruction du corps social. En réalité :

> La démocratie se caractérise par un rapport inédit entre l'État politique ou la constitution et l'ensemble des autres sphères matérielles ou spirituelles [...]. Le propre de la démocratie consiste en ce que le tout de l'existence d'un peuple n'y est jamais organisé en fonction d'une partie en l'occurrence la constitution [...]. Et précisément parce que la démocratie ne laisse jamais advenir une confusion mystifiante entre une partie et le tout, entre l'État politique et le

[69] Miguel ABENSOUR, Op.cit., p.78.
[70] Ibidem.

dêmos, qu'elle va laisser le champ libre à l'activité instituante du sujet qui est à lui-même sa propre fin[71].

C'est dire que l'universalité que représente le peuple doit être réelle et non formelle. Car à travers le regain des mouvements sociaux partout dans le monde, on assiste à la mise en œuvre de l'énergie pratique et théorique du peuple conscient de sa force révolutionnaire, et capable de hâter et forcer le changement. C'est un peuple forgé dans et par des expériences séculaires s'autodéterminant et s'auto-constituant en tant que vrai pouvoir politique. Leur revendication politique fondamentale est que l'accent doit être mis sur une autonomisation des couches sociales démunies par des actions d'intégration et de participation à l'espace économique national. Les nouvelles politiques de gouvernance démocratique ont pour objectif, de résoudre la problématique de l'inégalité et de la paupérisation, mais pas efficacement. Cela exige une marge de responsabilité des acteurs locaux libres de construire leurs vies, selon leurs volontés par des conditions financières et techniques favorables déployées par l'État.

Les mutations sociales et politiques actuelles confèrent un autre sens au système démocratique qu'il ne l'avait jadis. Aujourd'hui, l'universalité de la démocratie doit être repensée selon les différences géopolitiques et géostratégiques qui informent nécessairement les politiques et la gouvernance démocratique.

Dans les pays de la périphérie, « la construction des pouvoirs a été historiquement présidée par des significations et des logiques qui ne connaissaient pas les significations de légitimité et de légalité, ou du moins elle leur a donné un sens différent de celui qu'elles ont en Europe : la spécificité du pouvoir résidait dans son extériorité par rapport aux sociétés, qui le considéraient comme étant donné par des forces extérieures et indépendantes de leur volonté »[72]. La vraie gouvernance démocratique est un comportement civique et social qui permet de surmonter l'abstraction de l'État moderne en faisant de la vie du peuple et de la communauté, la raison d'être d'un pouvoir légitime. L'essence du politique se déploie dans la critique de l'État moderne où sont examinés aussi bien la question des droits de l'homme que les rapports de l'État et de la société civile. Ces rapports de dominion et d'asservissement ouvrent la voie au concept de « dépérissement de l'État »[73]

---

[71] Idem, p.109-110.

[72] Sophia MAPPA « Légitimité et légalité : les mots et les sens » in Sévérine BELLINA, Hervé MAGRO et Violaine de VILLEMEUR (dir) , *La gouvernance démocratique*, Paris, Karthala, 2008, p.118.

[73] Ce concept que développe Marx dans son économie politique, est au cœur de la critique de l'État bourgeois posé comme expression de l'aliénation et l'exploitation systémiques du prolétariat.

et de « l'abolition de la société civile ».[74] On comprend que la modernité est caractéristique de l'institution démocratique du social. La société démocratique qui succéda aux autres formes primitives de sociétés avec les conflits et les régressions que nous savons, a été perçue comme celle qui institue une délibération collective et participative des citoyens sans qu'ils y soient contraints par des forces exogènes. Le pouvoir démocratique serait un non-sens si l'idée de peuple y demeure sous forme d'abstraction.

> [L']alchimie subtile entre autonomie du pouvoir et autonomie de l'individu, consentant par raison à la domination de l'État, souveraineté du pouvoir et souveraineté du peuple, pluralité et unité, liberté individuelle (donc divergence et conflit) et volonté générale, est faite de tensions récurrentes qui, pour être débattues à l'intérieur, ont assuré la spécificité et la légitimité interne du système démocratique. Si les efforts d'exporter la démocratie, notamment en Afrique, ont échoué, c'est qu'elle fut confrontée à d'autres alchimies, aussi complexes et historiques que celle européenne, mais différents[75].

Pour mieux comprendre cette dynamique démocratique, il faut partir de l'idée que l'intensité de la relation de chaque société avec l'État n'est pas partout le même. Ce qui veut dire que la démocratie et la gouvernance ne sont pas universalisables à causes des différences fondamentales structurant les sociétés humaines ; différences qu'on ne peut réellement atomiser et qui sont réfractaires à une uniformisation artificielle et à une globalisation. Le débat sur l'État contribua à son intériorisation par la société en tant qu'institution émanant de sa propre volonté. Mais « dans tous les cas de figure, l'intériorisation de l'État et de sa raison d'être a été une des conditions de l'effectivité du gouvernement par la loi et de la pacification des rapports sociaux »[76]. L'aspiration à plus de bonheur des peuples est un impératif pour la gouvernance ou pour le pouvoir démocratique. C'est même sans exagération la raison d'État. Le pouvoir politique doit freiner l'amplification de la misère où se jouent la vulnérabilité et la fragilité croissantes des peuples qui, sont à l'origine des incertitudes et du terrorisme international. Elles représentent un terreau approprié pour l'expansion des psychopathologies (terrorisme et xénophobie) auxquelles s'ajoute la question de l'immigration.

Le défi de la gouvernance démocratique repose sur sa capacité à satisfaire et à améliorer le bien-être de la population mondiale, à trouver un équilibre macro-économique et de mettre en œuvre dans le cadre d'une protection de

---

[74] Cette société où règne l'homme isolé, séparé d'avec les autres, est l'expression de l'égoïsme instutionnalisé, de l'individualisme. Elle ne peut donc prétendre rendre le citoyen libre, si bien que justice sociale et société civile dans sa version bureaucratique sont dans un rapport d'exclusion mutuelle.

[75] Sophia MAPPA « Légitimité et légalité : les mots et les sens » in Sévérine BELLINA, Hervé MAGRO et Violaine de VILLEMEUR, Op.cit., p.122-123.

[76] Idem, p.124.

l'environnement, des systèmes écologiques performants. La raison comme moyen de gouvernement, à l'instar de la loi, est une autre spécificité et une autre source de légitimité du pouvoir. La gouvernance démocratique et la résilience doivent chercher à trouver des solutions idoines aux maux qui rongent la société par des actions dont l'objectif est de transformer positivement la société. Démocratiser la société, exige la connaissance de la réalité des sociétés en vue d'instaurer des mécanismes sophistiqués de gestion, de décision et de réalisation des projets communautaires. Au fur et à mesure que « l'État démocratique s'enracine dans les consciences et dans les pratiques politiques et sociales, les relations entre les individus deviennent de plus en plus pacifiées »[77]. Il y a une gouvernance politique qui exige des États du monde une traçabilité dans leurs actes publics et pensables à l'extérieur, c'est-à-dire permettre aux peuples de s'autogérer. Le pouvoir d'État doit rendre les informations disponibles et vérifiables en vue d'éviter toute suspicion. Il convient d'éviter toutes les conditions qui participent à la radicalisation des laissés-pour-compte et d'instaurer un réel pacte de confiance avec la communauté politique.

De l'efficacité de la gouvernance démocratique dépendra des réponses qu'elle donnera à la crise du collectif et du lien social. Aujourd'hui la radicalisation de l'individualisme dans la société capitaliste doublée de l'égoïsme des riches ou bourgeois a entraîné une profonde crise de confiance face à l'effectivité de la loi et de l'identité sociale. « Les normes anciennes ne sont plus effectives et des nouvelles peinent à voir le jour pour définir des modes nouveaux du vivre-ensemble. Le lien social se trouve affaibli et avec lui la capacité de régulation de l'État »[78]. Le système démocratique est constamment remis en cause, déconstruit, reformulé et est en Europe comme en Afrique à bout de souffle. La question qui se pose aujourd'hui est celle de savoir si les sociétés européennes et africaines peuvent continuer de se développer avec le paradigme de la démocratie moderne dans sa version actuelle. Autrement dit, ces sociétés sont-elles encore gouvernables face « à un état de crise et d'anomie constant »[79] ? La question exige de répondre à la complexité et à la spécificité irréductible des autres sociétés et surtout pour l'Occident, la tâche de penser son propre changement avec l'idée qu'il représente le paradigme social universel.

Mais les autres sociétés qui se sont inspirés du modèle économico-politique européen, doivent prendre maintenant conscience des réadaptations et des réajustements structurels endogènes qui s'imposent à eux, en vue de déboucher sur le progrès socio-économique escompté. Cela exige une osmose entre la bonne gouvernance, le capital social et la culture civique. Selon

[77] Sophia MAPPA « Légitimité et légalité : les mots et les sens » in Sévérine BELLINA, Hervé MAGRO et Violaine de VILLEMEUR, Op.cit., p.125.
[78] Idem, p.126.
[79] Idem, p.127.

Putman, le capital social se réfère à l'ensemble de règles de confiance mutuelle, aux réseaux de coopération entre les États et les individus, aux normes réglant le comportement qui peuvent améliorer l'efficacité de la société dans la recherche de solutions aux problèmes exigeant l'action collective. C'est donc un engagement civique et citoyen dans lequel chaque individu est censé jouer en toute responsabilité et en toute conscience patriotique son rôle d'agent de développement pour sa patrie. Une part essentielle de la vision démocratique de la gouvernance est précisément cet engagement des libertés individuelles et des responsabilités personnelles. C'est ce bon investissement de ce capital social au service de l'inclusion sociale qu'il faut promouvoir.

Conclusion

Le rapport entre le droit et la gouvernance est non seulement systémique mais aussi fonctionnel, c'est-à-dire leur interaction est l'expression d'une gestion transparente et démocratique. De ce fait, re-construire le système juridique, c'est développer et rendre objectif le droit dans « un rapport plus étroit avec la réalité, dans [celui-ci], les principes du droit et du devoir deviennent quelque chose de sérieux, et la lumière de la conscience y règne »[80]. Cette vision rationnelle et médiatrice du droit, est celle qui le réconcilie avec la réalité et, fait de la liberté subjective un saut qualitatif dans le règne de la liberté. Le droit devient alors une catégorie universelle de la normativité juridique. La construction d'un État rationnel préfigure ici la manifestation de l'universel incarné en l'État moderne ou démocratique. On n'y perçoit dans l'institution de l'ordre public, la problématique de la gouvernance et des droits fondamentaux de l'homme comme des modalités structurelles de l'égalité et de la liberté.

Le concept « d'égaliberté » développé par Etienne Balibar qui s'inscrit dans la dialectique des formes sociales issues des rapports de production, est une réflexion sur l'illusion du partage égalitaire ou le problème du droit égal. C'est donc au nom d'un humanisme juridique que la critique du formalisme juridique et d'une égalité pour tous prend tout son sens. Selon la théorie réformiste de l'État, le renforcement de sa base institutionnelle passe par l'élaboration consensuelle et discursive des lois à partir du principe de la discussion, seule modalité efficace de la légitimité juridique et démocratique. À partir de là, on peut aboutir à une gouvernance démocratique, transparente qui se conforme aux droits des individus. Cette quête d'une justice sociale, conforme à l'objectivité du consensus, pose les conditionnalités rationnelle et démocratique énoncées aussi bien dans la théorie habermassienne de l'intercompréhension subjective que dans l'approche marxiste du

[80] Friedrich HEGEL, *Principes de la philosophie du droit*, traduit de l'allemand par Andre Kaan, Paris, Gallimard, 1940, p.40.

gouvernement communal. La justice ne peut, ce faisant, s'établir que sur la base d'une coopération intelligible et ouverte à tous dans le processus de socialisation et, où les intérêts universalisables des citoyens sont réalisés.

Chapitre deuxième

Interaction conflictuelle entre droit international et droit des nations

Si l'on parle des droits de l'homme, on pourrait alors se demander si l'individu et la protection de ses droits sont pris en compte par le droit international. Ce qui nous amène à définir d'abord le droit des nations. Ensuite le droit international pour enfin voir comment ces deux formes de droits sont en interaction. Conformément au droit des nations, « les individus ont la même importance que le territoire, car les individus constituent le fondement humain de tout État. De la même manière qu'il ne peut exister sans territoire, un État ne peut exister sans la multitude d'individus qui en sont les sujets et qui, constituant un corps, forment le peuple ou la nation »[81]. C'est pourquoi, « les droits et devoirs internes ne peuvent être que créés que par le droit interne »[82]. C'est surtout un droit interne à chaque État et qui, est un droit dont jouit l'individu qui se trouve sur un territoire donné.

Quant au droit international selon « L. Oppenheim, [...] est uniquement et exclusivement un droit inter-État »[83]. « Le droit international se situe de fait à la base de ces droits [de l'homme] dans la mesure où le devoir de les accorder est imposé à l'État individuel par le droit international. Il est donc tout à fait juste de dire que les individus possèdent ces droits conformément au droit international, pour peu que l'on se souvienne que ces droits n'existent pas si les États individuels ne les avaient créés de par le droit interne »[84]. Mais il faut éviter de faire la confusion entre les droits de l'homme et les accords qui en dérivent. « Bien que ces accords parlent essentiellement de droits dérivés des traités eux-mêmes, il s'agit là d'une simple inexactitude de langage. En fait, ces accords ne créent pas les droits, mais ils imposent aux États contractants le devoir d'inclure ces droits dans le cadre de leur droit interne »[85]. L'idée de droit et de devoir ne recouvre ni les relations inter-États, ni les droits et obligations liés au droit interne. C'est dire que les individus ne sont jamais sujets mais toujours objet du droit des nations. C'est dans ce sens que la nationalité constitue un lien fondamental entre le droit et l'individu. Et cette nationalité leur confère le privilège de jouir des avantages du droit des nations. Au-delà donc de ces droits, se pose la problématique de la souveraineté et de la paix sociale.

---

[81] Walter LAQUIER et Barry RUBIN, Op.cit., p. 208.
[82] Idem, p. 209.
[83] Idem, p. 207.
[84] Idem, p. 209.
[85] Ibidem.

I - Le système judiciaire mondial et la paix

La création d'organismes supranationaux dont le système judiciaire mondial représente un maillon essentiel pour la sauvegarde de la paix mondiale, est une préoccupation juridique aujourd'hui. En effet, les droits de l'homme transcendent la seule sphère nationale dans un monde où la mobilité humaine est de mise au nom de la recherche du bien-être, de l'échange commercial ou du besoin de se former. Désormais « la relation contractuelle à établir ne concerne plus les rapports d'État à État, mais le statut des individus dans un pays dont ils ne sont pas citoyens. [...] Même en l'absence d'un [système judiciaire], au demeurant peu [objectif], tout individu humain, quelle que soit son appartenance, peut être considéré comme citoyen du monde, ayant un droit sur l'ensemble de la surface du globe (Recht der Oberfläche) [ou droit cosmopolitique] »[86]. Ce problème juridique qui conditionne la paix mondiale ne peut être envisagé simplement sur l'optimisme kantien d'un cosmopolitisme à visée anthropologique, mais doit faire preuve de réalisme, c'est-à-dire pose le vrai problème de l'intégration des peuples d'abord au plan national, ensuite au plan international. Or, force est de constater que le système judiciaire international se veut une police internationale qui, méconnaît la réalité historique tant antérieure ou contemporaine ainsi que la capacité des États à promouvoir la démocratie. Parler de la paix serait l'aboutissement d'un long processus d'une société humaine disciplinaire. Celle qui s'est façonnée par une culture citoyenne et démocratique du vivre-ensemble-malgré-tout, c'est-à-dire celle qui prend conscience de par son expérience historique de la valeur de la paix et qui, a su intérioriser les fondements juridiques et normatifs constitutifs de cette paix. En outre, la paix comme « exigence sociale et de transparence, est essentielle, car chaque besoin, chaque loi doit prendre une connotation sociale et être [loin] de toutes formes d'instrumentalisation politiques »[87]. Cette socialisation conforme à l'idéal de liberté citoyenne, conforte la communauté dans sa constitution institutionnelle en faisant de la question de la gouvernance, une méthode de gestion qui promeut l'humanité et rationalise l'espace public.

La place du système judiciaire est capitale dans la stabilité du pacte sociétal si elle est dépourvue de toute autre intentionnalité que celle de garantir la liberté et la justice comme les fondamentaux de la paix. À cet effet, les équilibres auxquels parvient le système judiciaire national et international sont souvent fragiles, car ils font l'objet d'une méfiance de la part des gouvernés.

---

[86] Emmanuel KANT, *Pour la paix perpétuelle*, traduit de l'allemand par Joël LAFEBVRE, Paris, PUL, 1985, p. 34-35.

[87] Martin Angba AMON, *Le marxisme et la palabre à l'épreuve de la reconstruction post-crise*, Paris, Edilivre, 2015, p.38.

> La réforme des abus du gouvernement est une chose impossible. La paresse des esprits s'accommode très bien de cette maxime, et la trouve indubitable ; conséquemment, fort peu de citoyens, et encore moins de souverains, daignent s'occuper des maux dont ils souffrent également. Que l'homme de bien ne se livre pas à ces idées décourageantes ; qu'il pense aux malheurs de son pays, non pas pour les augmenter par des troubles, mais pour en chercher les causes et pour en indiquer les remèdes raisonnables, c'est-à-dire compatibles avec le bien de la société[88].

Il faudrait, dans cette perspective, déconstruire l'idée de la gouvernance démocratique en l'adaptant au contexte et aux réalités sociologiques et politiques des peuples respectifs, pour ne pas que l'universalité démocratique tombe en désuétude. Le lien entre systèmes judicaires et développement opère *via* la réduction de l'incertitude qu'ils permettent par leur stabilité, dans les relations sociales en général et dans les interactions en particulier. Le noyau institutionnel des processus de stabilisation et de développement reposent sur l'efficacité du système judiciaire. L'idée principale du changement judiciaire et institutionnel à long terme est liée à l'historicité de l'homme et à son devenir.

> La transformation des régimes de régulation des sociétés humaines, de systèmes reposant sur le lien social, sur les liens interpersonnels, vers des systèmes fondés sur des régulations formalisées et détachées des personnes. [...] Les régimes de régulation sont essentiellement fondés sur les [relations] entre personnes, fonctionnant selon des règles pour l'essentiel non écrites, fonction des caractéristiques et des choix des membres du groupe et donc valables à cette échelle limitée, appliquées *via* des institutions souvent informelles et implicites (respect de la parole donnée, sens de l'honneur, caution solidaire, réputation, etc.), le principal mécanisme d'application des règles étant la menace d'expulsion du groupe en cas de manquement. Dans le cas des systèmes de régulation beaucoup plus formalisés, les règles acquièrent une portée générale, au sens où elles sont produites et respectées à une échelle d'emblée systémique (celle de la société, du pays), s'appliquant à tous de façon anonyme, indifférenciée, détachée des personnes, bref universelle[89].

La paix doit être pragmatique, c'est-à-dire qu'elle est une réalité sociale au carrefour du droit, de la justice, du développement durable et du degré de culture citoyenne de chaque peuple. Toutes ces modalités se retrouvent au cœur de la paix et lui donnent sens et existence. En faisant la symbiose de ces catégories sociétales précitées, on parvient ainsi à « la bonne gouvernance

---

[88] Paul-Henri Thiry D'HOLBACH, *Œuvres philosophiques. Tableau des saints et le bon sens politique naturelle éthocratie, TOME III*, Paris, Éditions Alive, 2001, p.345.
[89] Nicolas MEISEL et Jacques OULD AOUDIA « La gouvernance dans tous ses états : économie politique d'un processus endogène » in Séverine BELLINA, Hervé MAGRO et Violaine de VILLEMEUR, Op.cit., p.435-436

[qui] ne désigne rien d'autre qu'un état avancé dans la dépersonnalisation et la formalisation des règles »[90]. Sur ce, l'infrastructure juridico-institutionnelle conditionne nécessairement la paix et crée un environnement favorable non seulement aux échanges mais aussi à la vie sociétale. Elle redonne confiance aux peuples, car cette infrastructure institutionnelle accroit la transparence normative et traduit dans les faits la maturation de la démocratie citoyenne.

> Les réformes institutionnelles aujourd'hui préconisées, si elles témoignent d'une reconnaissance bienvenue de l'importance des institutions, tendent à vouloir imposer un modèle idéalisé, abstrait et unique, *via* des réformes tous azimuts et dans un minimum de temps, au mépris des constructions locales millénaires, contredisant l'expérience même des pays riches qui vivent sous des configurations institutionnelles extrêmement variées, établies au cours de processus de maturation pluriséculaires[91].

La difficulté de suivre et de s'adapter aux changements sociaux résultant de la faible institutionnalisation, génère un décalage entre les règles de l'État et la réalité. Le manque de systèmes régulateurs rationnels et la légitimité d'œuvrer pour le bien commun, empêche d'avoir une paix sociale permanente.

On ne peut garantir la paix que par la visibilité que donne le système judiciaire international qui, se présente dans les accords que signent les pays respectifs, comme une police judiciaire dans l'application stricte des droits de l'homme. Stricte, ici veut dire sans complaisance et avec une éthique de la responsabilité orientée vers le bien-être de l'humanité. Le système judiciaire international s'appuie sur le système judiciaire des États conformément au droit positif. De ce fait, « la moralité objective qui se concrétise dans ces institutions ne reste pas au niveau de ces particularités. Elle se projette nécessairement au niveau international »[92]. L'expérience des guerres dans l'histoire de l'humanité a motivé l'idée d'un système judiciaire international qui puisse œuvrer pour la paix dans le monde. Cette justice transnationale implique le respect des différents États de leurs propres engagements en vue d'une confiance relationnelle. Elle permet de prévenir les tensions susceptibles d'entraver la paix mondiale et l'harmonie sociale respectives de chaque pays.

Pour que l'institutionnalisation de la paix soit une réalité universellement acquise, il faut de « la Raison, du sang froid, des lumières et du temps pour réformer un État : la passion, toujours imprudente, détruit sans rien améliorer. Les nations doivent supporter avec longanimité les peines qu'elles ne peuvent écarter sans se rendre plus misérables. Le perfectionnement de la politique ne peut être le fruit lent de l'expérience des siècles, elle murira peu à peu les

---

[90] Ibidem

[91] Idem, p.439.

[92] Norman PALMA, *Introduction à la théorie et à la philosophie du droit*, Paris, Perspectives libres, 1990, p.7.

institutions [judiciaires] des hommes, les rendra plus sages, et dès lors même plus heureux »[93]. La paix est donc un devoir-être sociétal dont l'aboutissement exige un engagement politique et éthique en vue de la sociabilité. La sociabilité est l'autre nom de l'harmonie sociétale où sont mis en œuvre des principes qui systématisent et rationalisent le vivre-ensemble. La paix sous cet aspect est un état d'esprit et état un sociétal qui, « porte l'homme à vivre avec les êtres de son espèce. [Elle] est dans l'homme un sentiment naturel, fortifié par l'habitude et cultivé par la Raison »[94]. L'approche cognitive de la paix la rend accessible à l'homme non pas comme une utopie sociétale, mais la connaissance de ce qui nous est utile pour notre progrès et notre humanisation.

Lorsqu'on dit que la paix est un sentiment moral et sociétal, on veut dire par-là que l'homme est toujours animé au-delà de ses turpitudes, d'un désir de se conserver et de se rendre heureux. Pour ce faire, il cherche les moyens institutionnels, culturels, politiques et économiques lui permettant d'y parvenir. Bref, la paix est un état qui, « lui procure une existence agréable et conforme à son être, à la solitude qui lui déplaît, qui l'inquiète, qui le laisserait dépourvu de secours. En un mot l'homme [de paix] est sociable parce qu'il aime le bien-être et se plaît dans un état de sécurité »[95]. Cette paix-sociabilitée s'incorpore dans le système judiciaire national et international où les hommes appliquent des droits fondamentaux que l'on retrouve dans *la déclaration universelle des droits de l'homme*. Ce système judiciaire représente le cadre juridique référentiel qui gouverne les interactions humaines de la communauté mondiale.

Tout citoyen en se mettant dans cette dépendance juridique, renonce à une partie de son indépendance, pour le bien-être de l'humanité que ne lui procurerait l'exercice entier de sa liberté. La valeur d'un tel acte est guidée par le motif d'un intérêt plus fort qu'il consent à se rendre utile non pas seulement à son pays mais aussi aux autres à travers l'univers. On ne peut donc prétendre être en paix sans prendre en compte ce mouvement des États qui interagissent sous la forme d'une dépendance mutuelle.

> Un État par contre ne peut pas exister en tant qu'État sans réaliser dans son sein une certaine organisation juridique. Il est donc nécessairement en possession non pas seulement d'un certain idéal de justice, mais encore d'un certain système du droit, qui applique cet idéal aux interactions sociales intra-étatiques. Ayant affaire à des individus-États, le droit international a donc affaire à un droit (interne) préexistant, dominé par un idéal de justice. Le droit international qui se crée doit donc être en accord avec cet idéal. Il ne peut être

---

[93] Paul-Henri Thiry D'HOLBACH, Op.cit., p.345.
[94] Idem, p.346.
[95] Ibidem.

rien d'autre qu'une extension aux interactions entre États du droit (interne) qui régit les interactions sociales à l'intérieur des États en question[96].

L'équilibre sociétal doit donc être maintenu dans le monde par une justice internationale conforme au droit international qui, doit jouer le rôle de tiers impartial; l'équivalent de la CPI ou cour pénale internationale, régie par des traités ou accords internationaux entre les États membres contractants. La justice internationale représente donc le tiers juridique.

> [Le tiers juridique] n'a pas à souffrir de l'accord entre ses justiciables, comme il n'a pas à souffrir de leur désaccord. [...] Le Tiers veut maintenir chacun des [membres] alliés dans son identité avec soi-même et dans le même rapport avec l'autre. On peut donc dire que le tiers est intéressé à l'égalité des [membres], à une situation telle qu'aucun des [membres] ne puisse absorber l'autre. [...] Or, étant donné que les États se comportent politiquement en Maîtres, cette attitude du Tiers est conforme à leur idéal de justice. Et on a ainsi l'illusion d'un Droit politique, d'un Droit international public, réglant les rapports des États entre eux, tout au moins des alliés qui sont en paix entre eux [97].

L'impartialité du tiers juridique doit se conformer au principe d'équité qui objective l'arbitrage de celui-ci. Mais là où intervient l'illusion de la paix qui devrait être l'œuvre d'une justice internationale, est le fait que le Tiers juridique neutre, se comporte souvent en tiers politique intéressé, c'est-à-dire que son jugement est intéressé et, dès lors ne peut promouvoir une paix réelle.

En effet, « le conflit peut être soumis à l'arbitrage du tiers [le juge]. Il peut donc sembler qu'il y a une situation juridique, une application du droit international public. Mais en réalité le tiers intervient pour des raisons purement politiques (d'ailleurs égoïstes), conformément au principe *divide et impera*, et nullement en fonction d'une règle de Droit quelconque, ni d'un idéal de Justice »[98]. Ici la dualité du tiers (politique et juridique) rend toute possibilité de justice superflue. En assimilant la Cour Pénal International au tiers juridique, on veut évoquer l'idée qu'il doit se conformer strictement à la neutralité suggérée par le droit, donc apolitique. Or, pour que « les interactions politiques aient un caractère juridique il faut donc qu'elles soient rapportées à un tiers politiquement *neutre*. Mais politiquement neutre signifie autant apolitique. On voit donc que le droit international public ne peut pas naître d'interactions politiques entre les États. Même si le droit peut s'appliquer à la politique, ce n'est pas la politique qui peut l'engendrer : il

---

[96] Alexandre KOJÈVE, *Esquisse d'une phénoménologie du droit*, Paris, Gallimard,1981, p.375.

[97] Idem., p.379.

[98] Idem, p.379-380.

doit pénétrer du dehors dans le domaine politique »[99]. La confusion des sphères d'intervention du droit relevant soit de l'application de la loi juridique soit de l'application de la loi politique, est l'une des difficultés du système judiciaire international.

C'est souvent difficile qu'il y ait une coïncidence entre l'intervention politique et l'intervention juridique. C'est « Cette intervention du tiers qui donne aux interactions politiques pacifiques entre États l'apparence de relations juridiques conformes à l'idéal aristocratique de la justice égalitaire. Mais ce n'est là qu'une apparence, parce que le tiers [...] est intéressé aux interactions en question »[100]. Cette attitude du tiers biaise le principe d'égalité entre les États. Ces interactions entre les États perdent leur valeur anthropogène, et c'est ce qui corrobore le fait qu'on ne peut en déduire un idéal de justice et de paix inter-États. Ce qui veut dire aussi qu'il n' y a pas de genèse autonome du droit international qui pourrait garantir la justice et la paix véritable dans le monde. Le système judiciaire mondial revêt donc un caractère bourgeois, car il est fondé non pas sur la justice égalitaire, mais sur la justice de l'équivalence. Du coup, les pays pauvres qui ont signés un traité ou un accord juridique avec la justice international, subissent une forme de traitement injuste qui leur dénie la citoyenneté mondiale en tant que membres contractants. Le droit existe, dans ce cas, de façon virtuelle et non en acte. Si la justice internationale n'est pas universelle dans le sens d'appliquer rien que le droit positif, c'est qu'elle ne peut englober l'humanité entière et considérer des États proprement souverains. Cette instrumentalisation du système judiciaire mondial, rompt l'implémentation de la confiance institutionnelle fondée sur le compromis ou le consensus. C'est ce manque d'une éthique de la gouvernance judiciaire qui entraîne une désagrégation du lien social.

II- Droit et économie dans la désagrégation du lien social

On ne peut occulter cette réalité que le droit est un transfuge de l'économie marchande même si l'on prétend trouver son origine dans la révolution de 1789. Les rapports de l'homme à la nature environnementale et de l'homme à l'homme par la médiation du droit, n'ont toujours pas été transparents. Si l'idée du droit était animée par le souci de préservation de soi et de la vie au départ, son évolution dans la marche irréversible de l'humanité vers le progrès et le bien-être, trahit cette première acception originelle du droit. « La perversion et la confusion de toutes les qualités humaines et naturelles, la fraternisation des impossibilités, la force divine de l'argent sont impliquées dans son essence en tant qu'essence générique aliénée, aliénante et s'aliénant,

[99] Idem, p.381.
[100] Idem, p.380.

des hommes. [L'argent] est la puissance aliénée de l'humanité »[101]. L'argent « apparaît alors comme cette puissance de perversion contre l'individu et contre les liens sociaux, etc., qui prétendent être des essences pour soi. Il transforme la [justice] en [injustice], l' [égalité] en [inégalité], [l'inégalité] en [égalité], la [démocratie] en [tyrannie], [la tyrannie] en [démocratie], le valet en maître, le maître en valet, le crétinisme en intelligence, l'intelligence en crétinisme. [...] Il est la confusion et la permutation universelles de toutes choses, donc le monde à l'envers [...] »[102]. Ce pouvoir de l'argent dans la société capitaliste, n'épargne pas non plus le système juridique qui sort des entrailles de l'économie du marché.

Les systèmes politiques, normatifs et législatifs ; leurs différents éléments constitutifs, les variables qui déterminent leurs états possibles sont lacunaires, trop difficilement repérables, c'est-à-dire trop changeants au gré des intérêts en jeu. Il faut donc débarrasser le droit des scories de l'économie marchande en vue de baliser le système juridique mondial actuel, c'est-à-dire faire et dire le droit et rien que le droit. Dès lors, ce n'est plus l'incarnation de la rationalité ou de la réalité de l'idée morale qui sous-tendent le droit qu'il faut mettre en relief, comme l'a fait Habermas, Hegel ou Kant et bien d'autres, mais un ensemble structuré de forces et d'instruments d'intervention qui permet de faire face à des déséquilibres multiples et récurrents dans le traitement des individus et dans la gestion des interactions entre les citoyens. Mais jusqu'à présent, l'économie entretient des relations asymétriques entre les groupes sociaux. Ce que le droit peine à faire prévaloir, ce sont ses aspects coercitifs et la production du consensus et de l'arbitrage qui devraient être ses activités principales. « L'acquiescement au pouvoir est largement basé sur le refoulement chez les administrés de problèmes de décisions potentielles qui refléteraient leurs intérêts. [...] La production symbolique [du droit] masque de cette façon plus qu'elle ne les manifeste, les divergences ou les oppositions d'intérêt sous-jacentes aux relations sociales »[103]. Le plus souvent, cette production symbolique ne présente que des enjeux limités ou biaisés au débat démocratique qui s'enlise facilement dans des conflits triviaux. Ainsi pratiquée la démocratie n'est plus qu'un ensemble de principes et une systématisation des moyens de procédures utilisés pour légitimer l'activité politique et, contrôler les mouvements centrifuges qui pourraient se produire dans les différents secteurs du corps social.

La démocratie devient donc l'expression de préférences ou de choix à peu près purement formel entre les hommes sans programmes véritablement. De ce fait, « le pouvoir, menacé de façon permanente par des conflits d'envergure, peut tolérer un trop haut niveau de participation politique. Il lui

[101] Karl MARX, *Manuscrits de 1844*, traduit de l'allemand par Émile Bottigelli, Paris,1969, p.122.
[102] Idem, p.123.
[103] Nicos POULANTZAS (dir), *La crise de l'État*, Paris, PUF, 1976, p.91.

faut même une bonne dose d'apathie, voire de silence politique chez les gouvernés pour assurer la paix sociale et la continuité de la vie économique »[104]. Toute la politique moderne se résume en l'instauration des conditions favorables à la logique de l'accumulation du profit. C'est pourquoi en stigmatisant ces prétendus droits de l'homme issus et contenus dans la déclaration universelle des droits de l'homme, Marx avait tôt compris que ces droits n'équivalent qu'aux droits de propriété et la pérénisation de l'hégémonie bourgeoise. Dans cette perspective, l'ensemble du système juridique et des principes qui régissent la vie communautaire, sont loin de satisfaire les besoins et les exigences de la vraie communauté politique. C'est dire que l'intelligence économique doit coïncider avec l' « intelligence politique »[105] si elle veut réconcilier l'ensemble de la société avec elle-même en vue de réaliser la justice sociale. L' « intelligence politique » qu'Abensour perçoit chez Marx, renvoie à une pensée qui raisonne seulement en termes de transformation de forme d'État et elle doit critiquer et dominer la propriété, essence du capitalisme pour faire valoir non pas son égoïsme privé, mais son aspect communautaire et public.

Les rapports entre le droit et l'économie sont complètement reformulés non pas en termes d'égalité de chance, mais plutôt en termes d'avoir-être, de richesses, de propriétés. Aujourd'hui, avec la mondialisation, la concurrence impitoyable, écrase les plus petits investisseurs qui d'ailleurs sont nombreux et, dont la réaction se traduit par des protestations souvent extrémistes. La perversion du droit par l'économie est la conséquence de la logique de l'accumulation du capital. Il faudrait envisager « l'émancipation dans ses rapports au dépérissement de la forme juridique et à la socialisation de la production, qui sont l'autre face de la perspective du dépérissement de l'État »[106]. Mais la situation d'extériorité absolue au système capitaliste dans lequel le prolétariat est situé, rend difficile le traitement des conditions d'émancipation dans et contre la société bourgeoise. Le droit moderne par ricochet est borné, car il se réduit à la productivité et à la légitimation de la domination bourgeoise sur la majorité souffrante. Il est donc aisé de comprendre l'antinomie ontologique entre le droit positif et le communisme.

La figure de la modernité juridique est celle du contrat, concept universellement institué par les États dits démocratiques. Or, le communisme qui implique un communautarisme doublé d'une citoyenneté active, se veut la réalisation du vrai contrat social, c'est-à-dire celui qui promeut la réalisation de notre être générique et qui, émancipe tout l'homme dans sa dignité et dans sa matérialité. Cet ordre social communautaire des individus qui « placent sous leur maîtrise tant leurs propres conditions d'existence que celles de tous les membres de la société, c'est exactement l'inverse qui se produit : les

[104] Ibidem.
[105] Miguel ABENSOUR, Op.cit., p.57.
[106] Antoine ARTOUSE, Op.cit., p.322.

individus y participent en tant qu'individu ».[107] Or, l'influence de l'économie dans tous les compartiments de la vie rend superflue cette tendance à l'égalitarisme pétrifiée par l'individualisme sytémique. En réalité, il est question d' « une application conséquente du droit égal puisqu'il s'applique pour chaque individu et non seulement en moyenne, comme dans la société capitaliste. Mais ce droit est toujours fondé sur l'inégalité car il ne tient pas compte des situations différentes. [...] Un droit inégal comme garant de l'égalité. D'un certain point de vue c'est bien ainsi que va évoluer toute une partie du droit moderne, faisant éclater le cadre juridique bourgeois »[108]. En se fondant ici sur le principe de la concurrence, il ne peut avoir une égalisation que confère le droit entre les différents individus qui échangent.

L'égalité devant la loi, n'est que la réalisation extrême de la logique de la modernité qui donne lieu à toutes les critiques contre le droit bourgeois. En effet, l'appropriation du monde à la fois comme propriété privée et possession physique, ne peut être compatible avec le règne d'une vraie démocratie. Pour surmonter cette emprise malfaisante de l'économie sur le droit, Lucio Colleti parle « d'une reconnaissance sociale des besoins [...] sa problématique est celle d'une reconnaissance sociale des mérites »[109]. En fait, l'inégalité étant structurelle dans toute société, le principe d'hiérarchie est organisationnel car les capacités et les chances ne sont pas homogènes mais relatives d'un individu à un autre.

> Rousseau et Marx se prononcent sur une égalité fondée sur la reconnaissance des différences, mais si Rousseau pense qu'il est nécessaire de tenir compte des différences individuelles pour que la société puisse reconnaître les différents mérites et établir la hiérarchie des rangs sociaux conformément aux services rendus par les individus et donc leur compétence et à leur rendement, Marx souhaite que la société puisse dans l'avenir tenir compte des différences d'un individu à l'autre, pour faire face, précisément, aux besoins des moins pourvus et empêcher l'apparition de toute hiérarchie[110].

Ainsi, l'abolition des différences de classes, serait synonyme chez Marx de l'abolition d'une hiérarchie arbitraire. On ne peut certes faire disparaître totalement l'inégalité, mais le réduire au maximum. La sphère juridique dans laquelle vie le citoyen et exprime sa liberté comme être communautaire, est corrompue par la sphère économique où celui-ci n'est rien qu'un simple moyen de production.

Le droit dans le *Capital* est interprété comme l'un des piliers essentiels de l'interaction marchande, c'est-à-dire une sphère normative où se déploie la puissance expansionniste du capital. Le droit dans son acception moderne

---

[107] Idem, p.323.
[108] Idem, p.326.
[109] Idem, p.337.
[110] Idem, p.327.

permet à la société d'établir « la constitution d'un rapport scindé et inversé à la dimension générique de l'existence, c'est-à-dire tout à la fois à la nature, à soi et à autrui »[111]. La forme sociale actuelle gouvernée par la propriété se constitue en puissance hostile à la majorité des pauvres qui, ne peuvent comprendre ce que voudrait dire le droit à la vie. Le système d`hiérarchisation s'amplifie et se perfectionne davantage proportionnellement à l'évolution de l'économie mondiale.

On assiste à « [des] lignes d'une nouvelle hiérarchie mondiale de production. [...] Du point de vue des régions subordonnées, [...] la modernisation n'est plus la clé du progrès économique et de la compétition. [...] Les zones de l'Afrique subsaharienne, sont effectivement exclues des flux de capital et de nouvelles technologies, et elles se trouvent en permanence au bord de la famine »[112]. Ce schéma de la modernisation renforce les inégalités déjà existantes, car la tendance à la déterritorialisation de la production et la mobilité du capital, placent le travail et les investissements dans un environnement juridique favorable aux investisseurs. Bien évidemment, l'évolution de l'économie mondiale, laisserait croire à une liberté accrue du point de vue des conditions de production, mais la complexification de cette infrastructure mondiale de production à travers des réseaux transnationaux, s'explique par :

> La combinaison d'un mécanisme démocratique et d'un mécanisme oligopolistique qui fonctionnent sur des modèles différents de systèmes en réseau. Le réseau démocratique est un modèle totalement horizontal et déterritorialisé : l'Internet qui a d'abord été un projet de la DARPA (Defense Department Advanced Research Projects Agency) américaine avant de se diffuser dans le monde entier est le premier exemple de cette structure démocratique. [...] Ce modèle démocratique est ce que Deleuze et Gattari appellent un « rhizome » : une structure de réseau sans hiérarchie ni centre. [...] Le réseau oligopolistique est caractérisé par un système de radiodiffusion[113].

On voit que le capitalisme dans sa nouvelle version d'infrastructure informationnelle représente une hybridation de ces deux paradigmes précités (mécanisme démocratique et mécanisme oligopolistique). Ainsi, la crise sociale signifie essentiellement que les structures juridiques et normatives de régulation et de la protection publiques construites, ne résistent plus à la tendance néolibéraliste d'appropriation, d'expropriation et de confiscation des biens au bénéfice des prédateurs des ressources naturelles. Les biens

[111] Emmanuel RENAULT « travail aliéné et philosophie de la pratique (Manuscrits *de 1844* et *Thèses sur Feuerbach*) » in Gérard DUMÉNIL et *al,* Op.cit., p.136.
[112] Michael HARDT et Antonio NEGRI, *Empire,* traduit de l'américain par Denis-Armand Canal, Paris, Exils, 2000, p.352.
[113] Idem, p.364-365.

communautaires qui représentent les biens publics n'existent que de nom. « Le public est ainsi privatisé et dissout, même en tant que concept. Cela revient à dire que la relation immanente entre public et bien commun est remplacé par la transcendance du pouvoir de la propriété »[114]. Dès lors, le concept de propriété défini comme le droit exclusif d'utiliser un bien et de disposer de toute la richesse qui en découle prend ici tout son sens. La corruption de la société serait le culte de l'homme égoïste, c'est-à-dire la propriété privé. « Rousseau disait que la première personne qui avait voulu posséder exclusivement un morceau de nature et le transformer en la transcendance de la propriété privée, était l'inventeur du Mal. Le Bien au contraire, est ce qui est commun »[115]. Cette universalisation du régime de confiscation et d'appropriation rend l'injustice sociale plus systémique et légalement manifeste.

Le fondement ontologique du droit qui est d'abord moral ne peut moraliser le capitalisme. Malgré « ses pouvoirs juridiques, la propriété privée ne peut que devenir un concept toujours plus abstrait et transcendantal, donc toujours plus détaché de la réalité »[116]. Pour établir l'équilibre entre l'économie du marché et les exigences d'une vie sociale harmonieuse, il faut une réglementation transparente des interactions humaines, en créant des instruments nécessaires à un développement global et intégré qui, comprend « un parlement (un homme, une voix), un gouvernement, une application planétaire de la déclaration universelle des droits de l'homme et de ses protocoles ultérieurs, une mise en œuvre des décisions de l'OIT en matière de droit du travail, une banque centrale, une monnaie commune, une fiscalité planétaire, une police et une justice planétaires, un revenu minimal planétaire, des notateurs planétaires, un contrôle global des marchés financiers »[117]. En attendant cette mise en œuvre de ces mesures de socialisation de la production mondiale, le dérèglement de l'économie s'accentue avec la prolifération des zones de précarités dans le monde. La réticence à l'égard des prétendus droits de l'homme a fini par phagocyter les ilots d'espoirs qui étaient encore placés en la démocratie qu'elle soit radicale, citoyenne ou vraie.

Les hommes préfèrent aujourd'hui la liberté individuelle à toutes les autres valeurs de justice, de solidarité et de moralité qui devraient caractériser les États modernes. La disparition de l'État de droit se fait progressivement entre le marché et la démocratie. « La capacité d'organiser la régulation des marchés financiers disparaît dans la concurrence que se livrent les places financières pour établir la législation la plus favorable à leurs initiés »[118]. La puissance planétaire du marché ne peut être contenue par aucune institution,

---

[114] Idem, p.368.
[115] Idem, p.369.
[116] Ibidem.
[117] Jacques ATTALI, *La crise et arprès ?*, Paris, Fayard, 2009, p.161.
[118] Ibidem.

car elle la déborde et la surpasse. Il y a donc une économie illégale et criminelle qui prospère sous les yeux impuissants des institutions censées la rappeler à l'ordre. Convaincu de l'influence de l'économie sur la politique, toute action en faveur de la restauration de l'ordre social, exige pour amoindrir cette hégémonie systémique, la résilience politique qui doit s'arrimer à la résilience juridique, c'est-à-dire que si la résilience est étroitement associée à la notion de stabilité, d'équilibre et d'une nouvelle approche du développement, elle pourrait ainsi se confondre à la justice sociale et à la paix.

III - Consolidation de la paix par la justice transitionnelle : L'efficace d'une résilience juridique

La problématique de la paix engage aujourd'hui l'aspect sécuritaire qui d'ailleurs s'impose comme préalable à l'établissement ou au rétablissement d'un État de droit. L'histoire du monde a pour origine un conflit entre la survie collective et les droits de l'homme. Dans ce contexte il y a une nécessité de « l'inclusion du secteur judiciaire qui doit être par essence indépendant »[119]. L'implication croissante du militarisme dans la sphère politique et démocratique, exige un renforcement des règles de conduite citoyenne pour une stabilité nationale et internationale. Ainsi, « la notion de justice *transitional justice* recouvre l'ensemble des mesures mises en œuvre pour permettre aux sociétés en transition post-autoritaire ou post-conflit de faire face au besoin de justice, issu des violations massives de droits de l'Homme durant un conflit ou un régime autoritaire »[120]. Elle se présente aussi comme une justice réparatrice et reconstructive du corps social.

La conception francophone réduit « la justice transitionnelle à un type de mesures, les commissions de vérité, telles que celle mise en place en Afrique du Sud »[121]. Dans l'univers anglo-saxon, « la justice transitionnelle, est beaucoup plus large, recouvrant à la fois les poursuites pénales (tribunaux nationaux ou hybrides), les réparations aux victimes, les efforts de vérité ou encore la réforme des institutions, en tant que mesures *ad hoc* et complémentaires au système judiciaire classique, dont la capacité à rendre justice est bien souvent au plus bas alors que le besoin de justice est au plus haut »[122]. Le besoin de justice est consubstantiel au respect des droits de l'homme. La justice transitionnelle doit rester attentive aux enjeux des transitions en situation de conflit ou post-conflit. Désormais, « les modalités de justice transitionnelle se complètent, elles ne se présentent plus comme alternatives l'une à l'autre, mais comme des modalités plurielles qui doivent

---

[119] Serge RUMIN « réforme du système de la sécurité dans les États fragiles : au-delà du renforcement des capacités, l'exemple de la justice transitionnelle »in Séverine BELLINA, Hervé MAGRO et Violaine de VILLEMEUR, Op.cit., p.502.
[120] Ibidem.
[121] Ibidem.
[122] Idem, p.503.

être utilisées en fonction des contextes afin d'assurer la transition démocratique »[123]. Cette forme de justice est tiraillée entre deux catégories d'impossibilités : les impossibilités de punir des crimes de masses conformément aux dispositifs de pardon, tandis que les impossibilités de pardonner renvoient au devoir de punir.

La difficulté pratique de cette justice réparatrice est de trouver la voie médiane qui satisfasse à la fois les victimes et les bourreaux. Ses modalités se résument en « quatre piliers dégagés par Louis Joinet : a) droit à la justice, b) droit à la vérité, c) droit à la réparation, et d) les garanties de non-répétition »[124]. Les contextes de sa mise en œuvre étant différents, la justice transitionnelle à partir de ses modalités judiciaires et parajudiciaires, fondées sur les exigences de la justice pénale et celle du devoir de vérité et du pardon, doit se conformer à l'objectif de reconsidération d'un nouveau pacte sociétal et de démocratie. Le système judiciaire ne doit donc pas établir des règles légales qui ne soient humanitaires qu'en théorie. La particularité effective du crime est certes niée par la particularité effective de la peine pour rétablir l'universalité de la loi, mais cela ne veut pas dire impossibilité du pardon. « Ricœur a soutenu que la hauteur du pardon va jusqu'à la profondeur de la faute. Et que puisque la hauteur du pardon peut égaler n'importe quelle faute, rien ne serait, à proprement parler, impardonnable »[125]. L'appareil juridictionnel mise en place tant au niveau national qu'international ne doit pas avoir de limites structurelles qui compromettraient son bon fonctionnement, car le système judiciaire suppose des moyens budgétaires, la coopération des services de polices transnationaux, des systèmes de renseignement satellitaires et une expertise de l'intelligence artificielle. Ce que les régimes en transition ne possèdent pas. Dans le cadre de la recherche d'une paix durable, la finalité recherchée par les CRV (Commissions Vérité et Réconciliation) est, avec la vérité des faits, la réconciliation de la communauté politique divisée et la rupture du pacte social. Il s'agit, selon Andrieu d' « une modalité de restorative justice, visant à réintégrer dans une mutuelle reconnaissance le coupable et la victime »[126]. La réconciliation se fait autour de la responsabilité morale du droit à la vérité de chacun. Ce qui exige une sublimation du mal social par la justice distributive dans la perspective d'une refondation politique, à travers des garanties constitutionnelles et économiques.

L'application de ces droits est l'une des formes que doit prendre l'application de la loi dans la société internationale pour tenter de garantir la paix mondiale. Il est maladroit de concevoir une justice figée, guidée par une

---

[123] Jean- François PETIT et Lazare KI-ZERBO (dir), *Justice transitionnelle, justice alternative*, Paris, les Éditions franciscaines, 2017, p.35.
[124] Ibidem.
[125] Idem, p.39.
[126] Idem, p.55.

idée a priori d'universalité. Pour la stabilité sociétale, « les concepts [du droit] exigent que soit fondée une contrainte légale conforme aux seuls principes de liberté par laquelle seule est possible une constitution politique stable et légitime »[127]. L'ambiguïté de la réhabilitation de la justice est qu'elle est liée à la consécration de l'individualisme ; ce qui sape une conception globale de l'ordre social. Cette justice si elle veut instaurer une paix durable, doit faire disparaître l'autonomie absolue de l'individu, car elle relève avant tout d'un droit communautaire. « La fonction correctrice du droit permet d'approfondir l'égalité réelle : le mouvement du droit, lorsqu'il est dicté par une idée d'égalité réelle qui correspond à la justice, est un processus de décatégorisation. Ce mouvement signifie la fin de l'ordre juridique formel ».[128] Il y a cependant une distinction entre égalité juridique et égalité réelle en introduisant une règle juridique, fondement de tout ordre juridique contemporain et un principe de justice qui limite l'application stricte de ce principe de l'égalité en droits. Or, « l'éclatement de la société lié à un processus de parcellisation du droit, réalisé au nom d'une conception d'une justice égale, fait insensiblement disparaître l'idée d'une justice commune »[129]. La notion de justice dans cette perspective ne revêt de sens que dans un ensemble social ; inversement, s'il n'y a pas de société, il ne peut y avoir de sentiment de justice.

C'est pourquoi, « la vertu de justice est de l'essence de la société civile, car l'administration de la justice est de l'ordre même de la communauté politique, elle est une discrimination de ce qui est juste »[130]. Dans ce cas, toute réforme institutionnelle ne peut se faire dans une période post-conflit que si elle obéit objectivement à un souci permanent de sécurité, de justice et de paix durables dans l'intérêt bien compris de la population. À cet effet, « la justice transitionnelle n'identifie pas les institutions à réformer en fonction de leur positionnement sectoriel, qui en ferait de facto une cible de la réforme, mais plutôt en fonction de leur rôle dans les violations massives passées »[131]. L'enjeu est de réaffirmer le principe fondamental du droit à la vie dans toute démocratie moderne.

L'idéal politique étant de conforter la liberté à l'épreuve des pathologies sociales comme la guerre, l'injustice, la pauvreté, etc. pour que l'Homme, en dépit de tout, puisse exercer ces droits fondamentaux. C'est aussi, une politique sécuritaire arrimée au droit national et international qui prend en compte l'individu, citoyen du monde dont la mobilité sous-entend une protection accrue partout dans la société mondiale. « Cette approche de

[127] Emmanuel KANT, Op.cit., p.77.
[128] Nicolas TENZER, Op.cit., p.385.
[129] Ibidem.
[130] ARISTOTE, *La politique*, traduit du grec par J.Tricot, Paris, Vrin, 1989, p.31.
[131] Serge RUMIN « réforme du système de la sécurité dans les États fragiles : au-delà du renforcement des capacités, l'exemple de la justice transitionnelle »in Séverine BELLINA, Hervé MAGRO et Violaine de VILLEMEUR, Op.cit., p.503.

réforme du système de la sécurité, en ciblant les institutions pour leur rôle dans les abus massifs, alors qu'elles sont en charge de la sécurité des populations, entre en résonance, voire en tension, avec un autre défi de la transition, celui de garantir la stabilité. La stabilité pourra difficilement être garantie si les violations perdurent et si le sentiment d'injustice et d'impunité nourrit la rupture sociale (résonance) »[132]. Il est clair que le rapport du droit à la politique donne souvent lieu à une tension qui ruine l'État et la démocratie. Or, il est sûr que « ce n'est pas la [loi] qui détruit ce en quoi elle réside, et la justice n'est pas non plus un facteur destructif de la cité… »[133]. C'est plutôt les intérêts que poursuit l'homme qui annihilent les principes institutionnels et démocratiques de l'édification durable du pacte sociétal.

Avec l'assistance de la communauté internationale, la stabilité interne propre à un État dans une situation post-conflit, ne peut s'instaurer sans une volonté politique réelle des gouvernants ou de l'ensemble des composants du corps politique et social d'aller à la paix. Si l'on dresse « un diagnostic type de la sécurité [et du système judiciaire] dans un contexte post-conflit, on constate le plus souvent que les institutions sont trop nombreuses, que leurs mandats ne sont pas toujours clairs, et on observe des vides ou des redondances entre les missions des institutions. Les mécanismes de contrôle démocratique sont inexistants ou enregistrent de lourds dysfonctionnements »[134]. La relation entre la réforme institutionnelle, la dimension sociale et le conflit donne souvent l'illusion d'une paix retrouvée. Le paradigme de l'institution étatique vole en éclat si les forces exogènes (les organes politiques et institutionnels de la communauté internationale) font abstraction des fondements originels des organes d'État, et ignorent le conflit d'intérêt portant sur des valeurs sociétales à partir desquelles peut s'organiser un système judiciaire. Comme « le constate Célestin Bouglé […] Le monde des valeurs est comme l'invisible chantier où se préparent les changements de décor du monde visible »[135]. Il faut donc partir du fait que la société produit et transforme les valeurs de justice, de droit, de sécurité et d'ordre qui lui sont nécessaires pour renforcer l'institution étatique afin de garantir sa pérennité. L'intelligence politique qui doit animer chaque acteur politique, est celle qui consiste à avoir une claire vision des attentes de leurs peuples respectifs, pour conformer toutes les mutations juridique et normative aux pulsations de la vie communautaire.

La dynamique de ce vitalisme social se fait par une approche systémique de la réforme post-conflit et post-socialiste en établissant dans une justice transitionnelle qui, transcende le simple renforcement des capacités

---

[132] Ibidem.

[133] ARISTOTE, Op.cit., p.212.

[134] Serge RUMIN « réforme du système de la sécurité dans les États fragiles : au-delà du renforcement des capacités, l'exemple de la justice transitionnelle »in Séverine BELLINA, Hervé MAGRO et Violaine de VILLEMEUR, Op.cit., p.504.

[135] Idem, p.509.

d'institutions politiques, économiques et judiciaires. « L'institution [judiciaire ou sociale] doit également être intègre [...]. L'institution doit opérer rigoureusement, selon des principes de morale, et uniquement au service des valeurs qui la fondent. Cette intégrité peut se rechercher par une action sur les individus qui composent son personnel. La non-récurrence des violations d'une institution du système de la sécurité [judiciaire] ne peut être garantie si elle est dirigée par des individus ayant un passé lié à ces violations »[136]. La constitution morale qui doit sous-tendre la constitution politique est déterminante pour l'issue de toute réforme institutionnelle et économique. Ce qui veut dire que ce n'est pas forcément les institutions seules qu'il faut reformer, mais aussi voir la capacité et la compétence ; le tout sous la conduite d'une véritable éthique de la gouvernance. Autrement dit, l'institutionnalisation de la paix exige le sens de la responsabilité et l'engagement comme des vertus productrices de sens. C'est pourquoi, on peut dire aussi qu'un système juridique nécessairement politique est de l'ordre du sens. « Il est possible d'avoir recours au *vetting*, processus visant, par le biais d'un examen minutieux des agissements passés d'un individu, à déterminer son aptitude à occuper ou continuer d'occuper un poste au sein d'une institution. La mise en œuvre d'une procédure de *vetting* devra toutefois composer avec la réalité sociale dont sont issus les individus »[137]. Cette démarche va dans le sens de l'intégrité de l'institution politique et judiciaire, dont la mission est de garantir la reconstruction et la stabilité du corps social. « Elle exprime une conception de l'ordre social lié à la notion de transparence des règles »[138]. La légitimité de l'institution dépend non seulement de la qualité de celui qui l'incarne mais aussi de sa capacité à améliorer la transparence des indicateurs de gouvernance, aussi bien dans leur construction que dans leur utilisation. Une institution doit d'abord être reconnue légitime par les membres de la société avant même qu'elle n'accomplisse sa mission de paix et de justice.

La réinstauration d'un ordre social durable après un état de belligérance, implique la reformulation du cadre institutionnel et juridique en vue de maintenir la communauté politique comme un ensemble uni et inséparable, soucieux de la réalisation d'un certain idéal de justice et de paix. De ce point de vue, « un des signes du délitement du tissu social est la corruption, fondée sur la capacité pour quelques-uns de profiter du système et de se mettre de ce fait hors de portée de la justice »[139]. Ce faisant, la justice transitionnelle doit opérer la rationalisation de nos institutions et, être en congruence avec les aspirations des peuples en tenant surtout compte d'une communauté de culture

---

[136] Idem, p.512.
[137] Ibidem.
[138] Nicolas TENZER, Op.cit., p.385.
[139] Idem, p.387.

et d'une citoyenneté fondées sur l'adhésion à des principes communs et démocratiques.

Conclusion

La problématique de la souveraineté oscille entre le droit international et le droit des nations. Elle pose l'équation de la paix tant nationale qu'internationale en regard du nouvel ordre économique mondial. À cet effet, la capacité institutionnelle d'un État à garantir la paix, relève d'une bonne constitution politique et morale qui prédispose tout citoyen à une liberté vécue. C'est dire que la coïncidence du système juridique national et mondial avec le système social des États, réside dans la systématisation de l'égalité et dépend d'un système de coopération sociale sans lequel aucun citoyen du monde ne pourrait avoir une vie satisfaisante et paisible. Dans le cadre actuel du droit international et du droit des nations, où il est difficile de faire la distinction entre droit international public et le droit national, car le droit s'est internationalisé sans pour autant résoudre les faiblesses structurelles du droit national. Soumettre le pouvoir politique au droit dans la quête de l'harmonie sociale, demande pour la consolidation de la paix nationale et supranationale, d'inclure la justice transitionnelle en vue d'ordonner et de réorganiser les divers secteurs du droit. Cette justice transitionnelle doit s'inspirer des méthodes de l'État de droit pour tenter de subordonner les pouvoirs à des principes de droit et d'éthique, susceptibles d'hiérarchiser les références collectives et responsabiliser les acteurs sociaux. Très souvent, cette carence du droit de parvenir à cette réforme institutionnelle porteuse de stabilité et de cohésion sociale, explique le sentiment de désagrégation du lien social constaté dans la population mondiale. En somme, La construction de la paix, en réalité, passe par la construction d'un socle juridique et social préalable à la résilience politique.

DEUXIÈME SECTION

COHÉRENCE ENTRE L'ORDRE JURIDIQUE ET L'ORDRE SOCIAL : LÉGITIMÉ DU CONSTITUTIONALISME

Il s'agit d'une conception du constitutionnalisme qui combine revendications justifiées de droit et revendications justifiées d'égalité sociale. Elle représente un fondement universel inconditionnel capable de garantir un niveau de vie minimal et de liberté. L'État démocratique ne peut se réaliser que par l'interaction de l'ordre juridique et de l'ordre social. Cette interaction vise à rendre effective la gouvernance démocratique en s'appuyant sur les structures juridiques et les structures sociales dans un cadre institutionnel qui peut satisfaire les attentes de tous les citoyens en termes de justice, d'égalité et de besoins existentiels.

La charge de légitimation de toute loi provient des personnes potentiellement concernées qui, y trouvent dans l'espace politico-juridique, le moyen de garantir, de réaliser et de promouvoir à partir des droits égaux des citoyens, une certaine efficacité sociale. C'est dans ce champ de liberté contractuelle que le régime de l'autonomie de la volonté trouve tout son sens. Pour éviter qu'une égalité de traitement théorique appliquée à des situations inégales, aboutisse à des conséquences graves, la participation des citoyens à la communauté politique comme réalisation de la citoyenneté est nécessaire. Si l'on veut asseoir solidement la primauté de la justice, il faut l'envisager dans une dimension opérative universelle, c'est-à-dire une justice sociale, et c'est bien à celle-ci qu'on subordonne liberté et développement comme les deux modalités constitutives du bien commun.

Chapitre premier
Droit et crise identitaire

Le défi de la postmodernité est la définition identitaire de l'individu pris en otage dans un processus expansionniste du capital. Là se joue toute l'efficace juridique qui devrait conférer une transparence de l'individu à lui-même, c'est-à-dire donner le statut qui lui convient et qui détermine son intégration politique et économique. L'ordre juridique a pour corollaire l'instauration d'un espace public qui sert à thématiser et à organiser en toute liberté et sans contrainte la vie communautaire. Le principe d'ordre est ce qui donne forme et contenu à la citoyenneté vécue. L'ordre juridique dans lequel l'individu acquiert son statut de citoyen, lui offre la possibilité de concilier la liberté et la vie sociétale sur la base d'une reconnaissance institutionnelle de son devoir-être. Or, les conditions normatives et juridiques ne reflètent toujours pas l'expression de cette autonomie systématisée dans le droit, car les systèmes de règles de conduite n'établissent pas une cohérence entre le citoyen, son acte et l'institution. Le sujet de droit devient une simple utopie réaliste, car le principe d'égalité et d'équité ne s'éprouvent pas objectivement dans les rapports intersubjectifs.

L'ordre juridique constitue un contresens pour la liberté humaine qui ne se sait liberté, que dans la mesure où elle veut et peut s'affranchir de toutes formes d'aliénation et, instaurer le règne des fins et de la raison consciente d'elle-même. Le système juridique s'effondre devant une connaissance théorique qui prétend formaliser les comportements humains exprimés dans une réalité sociale complexifiée. La représentation que l'homme se fait de lui-même et des autres est brouillée par la société bourgeoise. L'identité humaine est mutilée par le système juridique bureaucratique, car l'identité de l'homme de droit ou sujet de droit que prétend lui conférer l'État démocratique, contraste d'avec l'idée de communauté sociale et de sujet-libre. Le droit est la condition de l'être civique sans pour autant refléter la réalité de cet être. C'est cette abstraction de l'être que dénonce Marx et qui représente l'objet fondamental du retour à la vraie identité de l'homme, être social, être générique. Le système hégélien quant à lui, propose une identité de l'être qui assume pleinement cet accomplissement systématique de la rationalité, sur lequel sera bâti le modèle kantien. En ouvrant le champ de l'universalité où chacun situe l'homme selon des perspectives différentes, ni les illusions de la spéculation et les impasses de la déconstruction phénoménologique chez Kant et Hegel, ni le réenracinement criticiste du matérialisme dialectique de Marx, ne garantissent efficacement cette référence juridique ou non à partir de laquelle l'être civilisé se définit dans nos États modernes.

I- Théorie du droit et autonomie de la conscience

Le tout du social n'est aucunement ce en quoi l'individu puisse se reconnaître intégralement sans difficultés et dangers. La logique qui unit social et individuel, permet d'expliquer cette existence privée à travers la phénoménologie de l'identité du *nous* et du *moi*. La revendication de droits individuels ne fait que démasquer cet universalisme vide du *nous* pour lui substituer la raison-législatrice du moi ou la volonté individuelle.

> La successive subordination du droit à l'ordonnancement juridique ne fait que suivre la même démarche : le peuple seulement a le droit de légiférer dépassant la volonté particulière de l'individu. C'est toujours le pluriel (nous, tous) qui dépasse le singulier (le moi, le mon-arque), d'autant plus raisonnablement que celui-ci ne peut aucunement se targuer de l'ancienne représentativité collective qu'avait le moi du monarque. […] On ne sort jamais de la catégorie du droit, ce qui change étant uniquement son titulaire. Il serait possible de représenter cette aventure du droit subjectif dans les termes d'une dialectique de type hégélien de thèse-antithèse-synthèse. Thèse : le droit est affirmé dans son universalité abstraite (jusnaturalisme) ; antithèse : le droit est affirmé dans la particularité concrète de la volonté étatique ou social (positivisme juridique) ; synthèse : le droit est affirmé dans l'universalité concrète de la volonté individuelle (néo-jusnaturalisme libertin), la volonté étant individuellement incarnée, et, en même temps, universellement présente chez les hommes[140].

La dimension cognitive du droit transparaît dans la synthèse et c'est là que se dégage tout le sens de la subjectivité juridique que revendiquent Kant, Hegel et Nietzsche comme triomphe du droit et de la raison. Par ces trois auteurs, le juridique a été introduit dans le domaine de la volonté pure et donc de l'incommunicabilité. C'est pourquoi la loi exprime toujours une volonté mesurante qui n'est sujette à aucune mesure. L'autonomie du sujet agissant selon son libre-arbitre est le principe déterminant du droit positif.

En conséquence, « l'arbitraire serait (le sans-mesure) qui est la source de toute mesure législative et le maître de la mesure elle-même. L'inconséquence logique de cette position (l'absence ne peut produire une présence) éclaterait aux yeux si nous n'étions pas habitués, depuis trois siècles au moins, à croire que le sujet est la mesure de toutes choses »[141]. Ce déploiement du sujet-rationnel dans la théorie juridique, montre qu' « il cherche l'utile (suum utile) qui est sien [universel], c'est-à-dire ce qui lui est réellement utile, et qu'il désire (appetat) tout ce qui conduit réellement l'homme à une plus grande perfection ; et, absolument parlant, que chacun s'efforce, selon sa puissance d'être, de conserver son être [et les autres êtres] »[142]. Cette métaphysique du

---

[140] Sergio COTTA, Op.cit., p.27-28.

[141] Ibidem.

[142] SPINOZA, *Éthique*, traduit du grec par Rolland Caillois, Paris, 1954, p.260.

sujet qui se manifeste comme volonté de puissance et de domination est présente chez Nietzsche, Kant et Hegel. Chez Marx, elle est sous forme de sujet-collectif (le prolétariat). Pour Nietzsche, puisque la loi est l'expression de la volonté de puissance, « parler de licite ou d'illicite en soi n'a pas de sens »[143], car licite et illicite n'existant « qu'à partir de la situation de la loi »[144]. Or, cette idée est présente aussi chez Kant pour qui, « De tout ce qu'il est possible de concevoir dans le monde, et même en général hors du monde, il n'est rien qui puisse sans restriction être tenu pour bon, si ce n'est seulement une bonne volonté »[145]. Autrement dit, la volonté bonne en soi est donc infaillible dans sa production et sa représentation des choses. Chez Hegel, l'Esprit entretient un rapport d'identité avec la réalité, et donc s'objective dans l'État rationnel comme l'en soi pour soi, c'est-à-dire son intériorité est le reflet de son extériorité. Quant à Marx, le prolétariat ; sujet-collectif est l'incarnation de la souffrance universelle, et donc est l'expression manifeste de la critique et de la vérité sociales.

La responsabilité du sujet résulte d'une relation normative avec le droit. Celle-ci se traduit par la nécessité d'agir selon les lois de la raison et que personne ne peut s'efforcer de conserver son être social et juridique en dehors du cadre législatif et constitutionnel. Kelsen reprend le principe d'autonomie dans l'autorité morale de la conscience : « il n'y a pas de *mala in se*, mais seulement de *mala prohibita* »[146]. C'est ce sentiment de conscience comme conscience morale qui nous prescrit et oriente notre comportement et c'est dans cette conscience que les normes morales prennent source. À l'instar de Kant, le législateur moral est pour chaque individu son seul guide. La loi dispose à son gré de toutes les qualifications morales et de toutes les structures de l'existence, car elle est immanente à la volonté de puissance individuelle ou sociale, assurée de son droit illimité et souverain. Le processus d'intégration institutionnelle met en relief la volonté autonome comme un possible susceptible de devenir mien ou non et, se dégageant de tout ainsi que la subordination au contenu et à la matière donnés intérieurement et extérieurement.

La loi n'est pas volonté arbitraire, mais volonté de justice. La corrélation entre droit et autonomie de la conscience est difficile à établir du fait de la nature des normes qui structurent l'existence humaine. « L'homme a par nature un instinct du droit, de la propriété, de la moralité, ainsi qu'un instinct [...] social. [...] L'homme découvre en lui-même comme donnée de sa conscience, qu'il veut le droit, la société, l'État, etc. »[147]. Cette conscience de soi de la volonté autonome est cet universel formel qui surmonte en elle-même

143 Nietzsche in Sergio COTTA, Op.cit., p.28.
144 Idem, p.29.
145 Emmanuel KANT, Op.cit., p.87.
146 Kelsen in Sergio COTTA, Op.cit., p.29.
147 Friedrich HEGEL, Op.cit., p.70.

l'immédiateté de la nature et la particularité par l'intelligence pensante. Cette conscience autonome « se saisit comme essence par la pensée et ainsi se sépare du contingent et du faux, constitue le principe du droit, de la moralité subjective et objective »[148]. Elle assure une forme d'actualisation de la normativité pratique au sens morale, c'est-à-dire l'idée de liberté reçoit en lui une effectivité dont elle ne disposerait pas par elle-même. Cette conscience autonome est universelle parce qu'elle supprime en elle toute limitation et particularité individuelle, car elle repose sur une interaction complexe entre universalité objective et subjectivité singulière. Par-là, elle surmonte la scission apparemment originaire du sujet et du monde.

Le monde de la subjectivité n'est en réalité qu'un monde intersubjectif engagé dans une éthique de la reconnaissance. Or, dans la perspective de l'institutionnalisme marxien, la conscience n'est pas une entité psychologique neutre ou coupé de la réalité. Le milieu social contribue, lui aussi, à la formation de l'unité et de l'identité du Moi. Son influence pénètre toute notre vie mentale ; nos croyances, nos idées, nos sentiments qui seraient l'expression d'une mentalité collective. La société nous donne une carte d'identité civile par le biais d'une légalisation. Le développement d'une conscience autonome dans l'individu et son renforcement juridique nous montre que la frontière entre le psychologique et le juridique n'est pas aisée à établir.

La prise en charge juridique du moi atteste l'idée que tout homme est engagé et comme immergé dans une société civile qui conditionne et oriente son développement. La personnalité de citoyen qu'un homme a par cette prise en charge est synonyme de raison et de liberté. Même en admettant le solipsisme cartésien d'une conscience autoréférentielle, c'est toujours l'idée d'une relation qui est mise en relief. La conception cartésienne du cogito est un « solipsisme méthodique de la raison en vertu duquel le sujet connaissant croit ici pouvoir se concevoir sans admettre aucun signe, c'est-à-dire sans nul relation »,[149] sans communication avec l'extériorité. Cette conscience introvertie pose néanmoins la problématique de ce qui la légitime et, lui confère une validité, c'est-à-dire, selon Karl appel, « [....] le fait que l'homme soit considéré empiriquement, un être social n'empêche pas que la possibilité et la validité du jugement et de la volonté, puissent principiellement être comprises sans la présupposition logico-transcendantale d'une communauté de communication, donc pour ainsi dire comme l'opération constitutive de la conscience de l'individu »[150]. C'est donc l'identité de la conscience comme autonomie mais aussi relation à l'autre qui à la fois supprime et établit le rapport au monde. Ce qui expliquerait pourquoi le kantisme a eu tant de difficulté à se détacher de l'idéalisme de la conscience et à éprouver le besoin

---

[148] Idem, p.72.

[149] Alain RENAULT, *Kant aujourd'hui*, Paris, Flammarion, 1997, p.114.

[150] Ibidem

« d'une preuve de l'existence de la réalité du monde extérieur »[151]. Or, cette autonomie comme fin en soi qui enferme la philosophie transcendantale dans le paradigme du sujet, fut mise en cause par la praxis sociale chez Marx. Celui-ci établit une communication intersubjective et réaffirme l'autonomie concrète non pas à travers les perspectives cartésienne, kantienne et hégélienne qui ont servies de fondement au positivisme juridique, mais dans la transformation radical de l'acte révolutionnaire. Ce qui veut dire que la volonté autonome ne l'est qu'à partir d'influence extérieure qui déterminent son agir et forge cette réalité constitutive de la consience.

La conscience pourrait donc être considérée à la fois comme être juridique, éthique, culturel et social. Ce déterminisme social est primordial dans la philosophie et la sociologie de Marx comme catégorie structurant notre être social. C'est pourquoi, les superstructures juridiques sont le reflet de l'infrastructure qui les conditionne. L'influx spirituel est ici remplacé par l'influx matériel, c'est-à-dire la substitution d'une conscience-réalité à une conscience-abstraction. Marx déconstruit ainsi l'illusion de la subjectivité en mettant le sujet au cœur des rapports économiques et politiques qui déterminent son être social ou son être générique. L'institution d'une éthique et la juridicisation des pratiques et des représentations communautaires ne peuvent se faire en dehors du monde social.

C'est pourquoi, « cette relation complexe de l'individu à ses semblables et au milieu éthique objectif comporte un paradoxe. D'un côté, l'élément éthique objectif, autrement dit le monde social, est comme un cercle de la nécessité qui a sur les individus et sur leurs représentations de soi, des autres et de leur milieu de vie »[152], l'influence d' « une autorité de puissance absolues »[153] ; d'un autre côté, pourtant, « ces puissances objectives ne sont pas quelque chose d'étranger au sujet »[154], puisqu'elles garantissent « le droit des individus à leur particularité »[155]. L'institutionnalisme du point de vue universel du citoyen conduirait à durcir la séparation entre les institutions de la particularité, c'est-à-dire celle de la société civile et les institutions de l'universel, celles qui accompagnent la formation d'un espace public.

Par ailleurs, penser le rapporte droit et autonomie de la conscience, c'est aussi retrouver la norme juridique sous la modalité d'une délibération objective motivée par le principe de neutralité. L'application pratique du droit ne doit pas relever « d'un esprit asservi aux nécessités matérielles »,[156] susceptibles de corrompre la lettre et l'esprit du droit tout comme sa capacité intrinsèque à rendre la justice. Le jugement implique à la fois l'autorité de la

[151] Idem, p.115.
[152] Jean-François KERVÉGAN « Le droit du monde. Sujets, normes et institutions » in Jean-François KERVÉGAN et Gilles MARMASSE (dir), Op.cit., p.35.
[153] Ibidem.
[154] Ibidem.
[155] Ibidem.
[156] ARISTOTE, Op.cit., p.66.

loi et l'autorité de la conscience comme deux ordres nécessaires et utiles permettant de saisir l'impartialité du magistrat. Ces ordres qui conditionnent l'action judiciaire permettent au droit d'être un instrument d'action régulatrice et normalisatrice, séparé de celui qui est censé dire le droit. La qualité psychologique est certes difficile à déterminer a priori même si l'on l'évalue à partir de l'expérience vécue du concerné, mais elle intervient par contre dans la définition de la qualité de citoyen. « La nature de citoyen résulte ainsi clairement de [...] l'homme, en effet, qui a la possibilité d'accéder au conseil ou aux fonction judiciaires dans un État, [...] dès lors qu'il est un citoyen de cet État ... »[157]. Cette citoyenneté n'est pas réductible à la seule possibilité de la fonction juridique, mais s'interprète dans le sens de la disposition vertueuse et au savoir-faire qui caractérisent le citoyen dans l'institution de la gouvernance sociétale et du devenir de la société. La question de l'individu socialisé ou socialisable rencontre l'adhésion de la citoyenneté comme parachèvement de l'être social dont avait parlé Aristote. L'œuvre du droit consiste en cette métamorphose de l'être, le dépassement d'une subjectivité prépolitique. L'homme est ainsi pro-jeté dans une société où il doit pour son existence positive, conformer sa connaissance au devenir-monde de la justice. L'union du droit et de la conscience-libre permet l'abolition pure et simple d'un état de nature et, par une sorte de réminiscence platonicienne, réactive l'innéisme de notre être communautaire.

Le rationalisme traverse de fond en comble le discours ou la pensée juridique. Il se sert préférentiellement de catégories ou règles normatives et discursives de la science juridique. C'est l'humain en quête de mode-être, de savoir-être et de bien-être. Le droit et la conscience autonome qu'il s'impose sont les pouvoirs qui façonnent son être parce qu'ils « permettent [...] [de] restituer pleinement dans leur dignité, de retrouver le sensible et le réel »[158] en l'homme. L'individu ne peut que s'universaliser en tant que sujet de droit déterminé en sa liberté de conscience. La réflexion transcendantale de l'être social présuppose « la certitude d'un sens dernier, d'une liberté, d'une liberté réalisée, d'une Être vivant en lui-même [et en communauté] »[159]. La sociabilité est la réflexion sur l'intelligibilité de l'être comme articulation du droit et de l'autonomie de la conscience. Elle se manifeste sous forme de condition d'une raison-liberté propice à l'effectivité d'une justice sociétale. Le discours juridique au confluent de la morale et de la communauté, est un discours transcendantal portant sur l'existence civilisée de l'homme.

Cette compréhension du droit comme valeur et délimitation du domaine du possible et de l'impossible, représente le contenu essentiel de la vie de l'homme. L'interaction du droit et de la conscience-autonome au-delà d'un idéal social qu'elle tente de construire, cherche la cohérence de l'individu avec

---

[157] Idem, p.171.
[158] Henri LEFEBVRE, *Métaphilosophie*, Paris, Syllepse, 2000, p. 238.
[159] Éric WEIL, *Logique de la philosophie*, Paris, Vrin, 1996, p.51.

lui-même. Il s'agit « de comprendre l'homme, être vivant dans un monde, créant et détruisant et recréant des mondes, accède dans la liberté de son choix à la cohérence du discours pour comprendre [...] toutes les activités, tous les actes des hommes »[160]. C'est donc sur cette universalité potentielle de la raison qui détermine notre être que le droit veut élire domicile. Elle porte la marque du positivisme juridique dont la substance constitutive est la rationalité. Puisque l'homme est intelligence, « rien n'a une valeur particulière [ou préférentielle] ; puisqu'il est homme, tout l'intéresse. Dans son attitude, sa catégorie le libère non seulement de tout, mais aussi pour tout »[161]. Pour ce faire, l'homme doit admettre l'existence d'une valeur ou d'une vérité, c'est-à-dire le droit, l'absolu concret comme cadre juridique et référentiel de toute action et de la manifestation de notre existence libre comme sujet de droit. Le conformisme social instauré dans la civilisation moderne est l'œuvre d'une institutionnalisation séculaire qui se confond à la genèse de la démocratie.

Penser la relation politique entre droit et conscience-autonome est cette réalité sociale qu'il n'y a pas de liberté sans sujet-rationnel et sans qu'il n'y ait d'intérêt qui motive un « je » formalisé. Ce « je » ne peut trouver sens et légitimité que dans un monde organisé et « ne se détache pas [de ce] monde, mais qui s'y est pris pour de bon et qui ne se montre (comme catégorie formelle) qu'à l'intelligence libre, extra-cosmique »[162]. En faisant intervenir le droit dans ce processus de formalisation du « je » on parvient à transformer cette catégorie formelle en une formalisation juridique opérante, c'est-à-dire le passage de la forme au contenu et, du contenu à l'action. Cette métamorphose du « je » ainsi schématisée, n'est pas d'une intelligibilité évidente dans le processus de socialisation de l'homme, car « arriver à l'intelligence libre n'est pas un but essentiel de l'homme, c'est un évènement inexplicable, toute explication ayant sa place dans un monde déterminé »[163]. Or, nous vivons dans un monde de l'indétermination politique. La tâche fondamentale de l'homme est essentiellement de chercher à prouver sa liberté et sa justice.

L'être et le devoir-être exigent nécessairement des compromis certes possibles théoriquement comme l'incarne le droit, mais qui en réalité relève d'une pratique confrontée à un risque d'échec. Puisque le citoyen est une totalité de forces juridiques, éthiques, idéologiques et politiques, il est toujours difficile de garantir le droit commun en établissant un lien social durable. Ainsi, maintenir la conscience-autonome et résister de façon responsable et de toute son énergie à la corruption sociale, au sein de l'ordre économique mondial et politique, exige une culture démocratique approfondie. C'est ce défi que la postmodernité démocratique doit relever. Ceci est possible à travers

---

160 Idem, p.66.
161 Idem, p.274.
162 Idem, p.275.
163 Ibidem.

la réforme structurelle conformément aux mutations sociales, du droit, des normes et valeurs sociétales pour parvenir à une réelle dignité citoyenne.

II- Le droit entre dignité citoyenne et intérêt général : l'universalité en question

La dignité citoyenne n'est ni une forme d'abstraction citoyenne ni un angélisme politique ou juridique. C'est l'universalité concrète de l'homme en tant qu'être social qui se déploie dans sa double particularité de sujet de droit et d'être social. Cette identité citoyenne politico-juridique place l'homme au cœur d'un processus de socialisation réelle. Cette dignité citoyenne valorise « l'ancrage social de la démocratie »[164] en donnant une portée politique aux débats et aux enjeux sociaux pour lesquels l'individu en reconnaissant son intérêt propre, a conscience des intérêts des autres. Elle engage un renouveau du social en déconstruisant les structures organiques de gestion qui marginalisent le producteur de richesse. Le droit égal institutionnalisé doit se traduire par la dynamique d'un débat public qui implique les partis, les syndicats et aussi les institutions démocratiques afin de rendre cette dignité réelle. Cela permet à l'individu de sortir de sa condition de précarité systémique et « faire émerger démocratiquement de la conflictualité un intérêt commun »[165]. L'opérationnalité de cette citoyenneté active se manifeste dans une gouvernance démocratique subjective et objective, c'est-à-dire la compréhension de l'individu de ce qu'il représente pour lui-même, pour sa société et pour l'humanité à chaque fois qu'il agit.

Dans la spéculation hégélienne, cette dignité citoyenne prend la figure de la liberté, c'est-à-dire « [la citoyenneté] consiste dans le fait d'être auprès de soi ou advenir à soi dans l'altérité à soi, d'être une affirmation absolue (de la liberté] »[166] qui naît de « la négativité en tant qu'elle s'approfondit elle-même jusqu'à la plus haute intensité »[167]. Cette dignité passe par la reconnaissance effective de l'individu à la fois comme sujet de droit et sujet moral en vue de déterminer son sentiment de co-appartenance au champ institutionnel. Dès lors, « c'est par ce travail de la culture que la [dignité citoyenne] atteint l'objectivité même à l'intérieur de soi, c'est dans ce travail qu'elle devient capable et digne d'être la réalité de l'idée »[168]. Ce qui veut dire que la dignité citoyenne qui est l'identité en soi est une réorganisation culturelle qui police notre être. Et cette réforme de l'être en soi qui le fait advenir à l'universalité

---

[164] Cathérine Samary « De la citoyenneté à l'autogestion » *in Les cahiers de critique communiste [Marxisme et démocratie]*, Paris, Syllepse, 2003, p.95.
[165] Idem, p.99.
[166] Jean-François KERVÉGAN « Le droit du monde. Sujets, normes et institutions » in Jean-François KERVÉGAN et Gilles MARMASSE (dir), Op.cit., p.39
[167] Ibidem.
[168] Friedrich HEGEL, Op.cit., p.222.

est sécrétée par « les institutions et déposé[e] dans les mœurs et coutumes »[169]. Alors l'autre nom de l'intérêt commun est l'objective substantialité de la particularité qui devient du point de vue de l'entendement la subjectivité libre. L'intérêt commun polarise la quête de l'universel comme un effort de socialisation du sujet dans son intégration politique et social. Elle est représentée, Chez Hegel, par la société civile.

> La société civile contient trois moments suivants : A. La médiation du besoin et la satisfaction de l'individu par son et par le travail et la satisfaction des besoins de tous les autres : c'est le système des besoins. B. La réalité de l'élément universel de liberté contenu dans ce système, c'est la défense de la propriété par la justice. C. La précaution contre le résidu de contingence de ces systèmes et la défense des intérêts particuliers comme quelque chose de commun, par l'administration et la corporation[170].

La détermination objective de l'individu se fait à partir de l'universel comme but de son activité essentielle et existentielle. On voit bien que l'intérêt commun est juridiquement garanti non pas par la simple capacité normative du droit, mais par cette universalité immanente de notre individualité qui est auprès de lui-même et dont l'extériorité s'appréhende dans l'altérité à soi ou dans l'État-rationnel.

Cette intégration du sujet se fait par la coïncidence de l'ordre juridique, culturel, éthique et social qui, interagissent et constituent ainsi la dynamique d'une maturation démocratique. C'est pourquoi, la laïcisation du politique comme opération de désillusion de l'angélisme moral de la spiritualité chrétienne, représente un impératif catégorique du retour de l'homme à ce qu'il peut humainement résoudre et faire de lui-même pour sa propre liberté. Kant après « avoir entériné la distinction moralité/légalité, sous le rapport de la réalisation interne par la première exclusivement du devoir en mobile, au sens critique la loi extérieurement, par son côté public, impensé par le christianisme primitif [...]. Par ce biais donc, il en montre le lien originaire à la liberté publique, qui n'atteint son maximum que dans la société politique, quoique cette publicité de la liberté soit mise à mal »[171]. Cette extériorité de la liberté est du domaine du droit et s'exerce dans l'obéissance à la loi de contrainte publique à laquelle l'individu adhère en tant que citoyen.

Aujourd'hui, le débat éthico-juridico-politique de la citoyenneté ne repose plus principiellement et principalement sur l'inégalité sociale, non pas parce que les inégalités ont disparu. Au contraire elles se sont renouvelées sous des formes diverses, parce qu'elles sont devenues insuffisantes pour expliquer les

---

[169] Jean-François KERVÉGAN « Le droit du monde. Sujets, normes et institutions » in Jean-François KERVÉGAN et Gilles MARMASSE (dir), Op.cit., p.39

[170] Friedrich HEGEL, Op.cit., p.223.

[171] Pierre NZINZIN « L'état de paix : un mythe pratique ? » in *Revue africaine de politique internationale* n° 27/28 : Avril-Octobre, p. 6-7.

phénomènes de rupture et de crise identitaire qui caractérisent le processus d'exclusion d'une partie des membres du corps social. Sur ce, la dignité citoyenne concrètement s'explique par le refus d'un rapport de domination au travail, l'espoir individuel de trouver du travail et la forte implication dans la vie collective de l'entreprise et la reconnaissance de l'identité professionnelle. L'accent ici est mis sur la capacité du citoyen à résoudre la crise du lien social en faisant de lui la trame de l'intérêt commun. Dans cette vision, la dignité citoyenne surmonte la crise du lien social en lui donnant un sens nouveau fondé non principalement sur l'opposition des intérêts entre groupes sociaux et la lutte pour la reconnaissance sociale, mais plutôt sur la faiblesse, voire l'absence de revendications organisées, structurées et de mouvements susceptibles de renforcer et de consolider la cohésion identitaire des populations fragiles. Si le lien social scelle l'intérêt commun par la reconnaissance de la citoyenneté, c'est parce qu'il se réfère à la notion d'exclusion autour duquel se cristallise toute la critique sociale.

L'institutionnalisation de la dignité humaine et de l'intérêt commun que la République a tenté de garantir en vain se poursuit comme la perte de sens de ce qui fonde la sociabilité de l'individu. Les inégalités tout en se reproduisant, ainsi que les formes diverses de ségrégation et de discrimination, deviennent plus complexes avec la mondialisation. Les situations d'instabilité politique juridique et sociale sous frome professionnelle, c'est-à-dire précarité de l'emploi avec son corollaire de chômage et d'insécurité sociale, rupture conjugale avec la recomposition des familles au plan social, est marquée par la difficulté d'accès au logement, à l'eau potable, à l'éducation pour tous. Ces difficultés se sont diffusées particulièrement en Afrique. La version éthico-juridique du citoyen n'est pas une expérience achevée, car toujours en marche vers sa propre expérience-réalisation qui correspond à la définition de la chose publique, chaque fois soumise à une actualisation au gré des mutations sociologiques, anthropologiques, culturelles, sociales et politiques. Elle montre que la liberté idéale ou maximisée est à l'épreuve de ce qui unit les hommes en tant que totalité et, se situe au-delà de toute donnée historique ou empirique, c'est-à-dire l'universel. C'est dans ce sens que Hegel, penseur de l'universel, traite la conscience publique en tant qu'universalité empirique.

On constate aujourd'hui que la particularité ou l'individu rationnel défendu par Hegel tend à se dissoudre dans la formation de cette communauté mondiale. La *polis* et la *civitas* tendent à provoquer l'universalité des rapports et donc le dépassement de l'horizon borné des communautés particulières. L'universel devient le lieu des possibilités offertes au citoyen de s'autoréaliser. L'universalité de l'humain-citoyen est donc cette tendance essentielle qui mène à l'universalité des rapports sans assujettissement. La modernité démocratique montre que l'universalité de l'humain ne doit pas se confondre au respect des particularités culturelles et juridiques, car la nécessité de son dépassement par cette universalité réside dans les dangers contenus dans ces particularismes. La dignité citoyenne est un capitaltransformationnel contre le capital-risque social. Elle est une valeur humaine active qui se détermine par un pragmatisme social. Cette nouvelle identité démocratique oppose une action résolument tournée contre toutes les formes de réification de l'être humain. La démocratie relève de catégories ontologiques opérantes dans l'espace public, car elle ne peut faire fi de l'hypernorme, c'est-à-dire la dignité citoyenne qui caractérise notre raison d'être, du point de vue anthropologique, éthique, social et politique. Pour cela, la dignité humaine se traduit concrètement comme un projet du renouveau social afin d'humaniser toujours plus, une civilisation humaine très riche d'expériences séculaires. Elle donne à l'homme lui-même une possibilité d'éviter, avec son cortège de misères humaines, la banqueroute déjà en germe dans les désordres économiques et financiers qui obsèdent tous les pays du monde. Selon Claude Julien, « L'avenir du citoyen ne se joue pas à la roulette. Encore doit-il apprendre à s'appuyer sur les faits pour récuser les dogmes dont on le saoule depuis trop longtemps »[172]. La mondialisation financière, industrielle et commerciale est une construction permanente et délibérée des puissants États capitalistes. Sa mise en œuvre renforce l'hégémonie de ces puissances au nom des intérêts bien compris des multinationales.

Le peuple idéologisé contribue à ce processus d'internalisation du capital. L'extraversion généralisée des systèmes de production mutilent son être social et retire progressivement aux citoyens toute capacité d'intervention sur les problèmes qui les concernent. La délocalisation des entreprises des centres de décision politique et économique, de plus en plus hors de toute portée de tout citoyen, traduit la nature du rapport entre les individus, le patronat et l'État. L'action cosmopolite d'envergure que revendique Marx, se situe de nos jours au plan international afin de reconquérir les espaces démocratiques perdus, et empêcher d'aliéner et de corrompre ceux qui subsistent encore l'économie mondialisée. C'est à ce niveau que le point de vue cosmopolitique de Kant intervient comme institutionnalisation juridique de la paix et de l'intérêt commun. Cette voie montre que la dignité citoyenne « recherche la plus grande liberté humaine selon les lois faisant en sorte que la liberté de chacun puisse coexister avec celle des autres sans qu'elle cherche le plus grand bonheur, car celui-ci s'ensuivra de lui-même »[173]. Ce projet social et politique fait du droit l'opérateur essentiel de rapprochement légal des individus dans leur particularité et la coexistence la plus parfaite des libertés. Donc un nouveau pacte social transnational qui repense le concept de communauté politique et social dans la perspective d'une paix civile.

La citoyenneté arrimée à la dignité permet ainsi de systématiser les actions humaines sous la conduite du droit. « La destination de l'humanité est une destination morale, tout [citoyen] étant destiné à être membre du règne des

---

[172] Claude Julien in *Le monde diplomatique*. Scénarios de la mondialisation, novembre 1996, p.54.
[173]Alain RENAULT, Op.cit., p.460.

fins ; or, le règne du droit est la condition extérieure de la moralité, dans la mesure où la soumission à la loi commune, même obtenue par contrainte, prépare à la soumission morale (libre) des penchants à la loi de la raison pratique »[174]. Cette rationalité juridique qui caractérise le sujet-social permet l'intelligibilité d'un état juridique de paix se substituant à un état conflictuel et qui, correspond à l'avènement d'un droit cosmopolitique comme parachèvement d'un ordre politique stable. Aujourd'hui, La confiance, la reconnaissance, la solidarité, la dignité, etc. sont des normes existentielles essentielles dans la manifestation de la justice sociale.

La médiation juridique qui doit dénouer les tensions permanentes entre dignité citoyenne et intérêt commun, reste inefficace devant les figures phénoménales du capital. Le vivre-ensemble est fragilisé par un passage du rapport intersubjectif désintéressé et purement humaniste à un rapport corrompu par l'intrusion de l'argent. Chacun est lié par le même pacte social qui n'est en réalité qu'un pacte économique, pacte dont le contenu est caractérisé par le fait qu'il met des bornes aux droits de nature, il met des bornes à l'exercice des libertés, c'est-à-dire à l'exercice du droit de nature. Ces bornes juridiques sont définies comme celles qui assurent aux autres membres de la société la jouissance des mêmes droits. La quête de la démocratie citoyenne est une régulation consciente de la vie économique et sociale de l'humanité. Cette citoyenneté assume le statut social de l'individu, son pouvoir de participation et sa capacité de renforcement du lien social. Cette démarche citoyenne inscrit l'action institutionnelle et politique dans l'universalité comme modalité juridique et communicationnelle du contrat social. L'ordre juridique se cristallise autour de l'ordre social. Les lois qui se manifestent dans la démocratie sont les régulatrices qui assurent le fonctionnement de la communauté politique. Lorsque le droit exprime la nécessité de sauvegarder les intérêts des gouvernés par des mécanismes objectifs, on parvient ainsi à une stabilité du pacte social et un renforcement du lien social. Sa dimension cosmopolite est celle de notre être qui est parvenu à effacer sa particularité, son *ego* en vue de participer à l'édification d'une justice sociale et humaine. Dans ce contexte, « la socialisation intégrale [et citoyenne] permet de dissoudre l'économie dans les choix politiques »[175]. Cette articulation du social au droit en la recouvrant de l'ethos, constitue la figure réelle de l'émancipation humaine. Ce faisant, « la société alors consciente des vraies contraintes de ressources auxquelles elle fait face peut ainsi permettre à chacun de travailler selon ses compétences et de recevoir suivant ses besoins »[176]. Ainsi donc les choix globaux et les initiatives locales concernant la vie des citoyens seront drastiquement transformés par la

---

174 Idem, p.462.

175 Xavier Werner « Socialisation, capitalisme et socialisme » in *Les cahiers de critique communiste [Le marxisme face au capitalisme contemporain]*, Paris, Syllepse, 2004, p.110.

176 Ibidem.

socialisation des principaux moyens de production et par la mise en place d'une détermination démocratique des grands choix et une planification rationnelle de leur exécution.

La question sociale se décline sous l'angle d'une citoyenneté dans sa forme cosmopolitique et nationale. Elle est devenue un véritable paradigme d'intégration sociale. La dignité citoyenne transcende la catégorie politique de l'essence humaine pour être, aujourd'hui, le support à partir duquel la société prend conscience d'elle-même et recherche des solutions aux maux qui la rongent. La citoyenneté est désormais inscrite dans les programmes politiques et conditionne les actions menées sur le terrain. En faisant du sujet de droit, l'avenir social de la société mondiale, la démocratie tend à se conformer à la réforme du social en renouvelant progressivement les modes d'intervention, de structuration et de planification auprès des populations jugées défavorisées. Ainsi les indicateurs que l'on utilise désormais pour nourrir la réflexion sur l'espace public, la liberté, le droit ou la citoyenneté ne sont rien d'autres que les problèmes existentiels qui surgissent des mutations en cours dans nos sociétés. La démarcation juridique entre dignité citoyenne et intérêt commun est nécessaire, car elle montre que le droit prédispose à un égal respect de la chose publique. Les sentiments infradémocratiques (dignité citoyenne et intérêt commun) de nature éthique et juridique ici évoqués, contribuent à l'équilibre social. La fondation politique moderne si elle doit instaurer la liberté, présuppose l'aménagement proprement politique de la permanence d'un monde commun dans la promesse d'un bien-être social. C'est l'ultime but politique et l'institution permanente du vivre-ensemble.

Le droit trouve ainsi dans la politique, la possibilité d'une structuration positive dans laquelle s'articule la légitimité théorique de l'action et sa signification pratique. Le droit du monde vécu présente des contextes de sens marqués par la dignité citoyenne et l'intérêt commun d'où émane toute sa suspicion. La construction de la communauté politique et la codification de l'espace public, répondent au processus de rationalisation politique comme conditionnalités objectives d'un vrai pacte social. Le décèlement d'une norme institutionnelle symbolique des représentations du monde vécu et la mise en lumière d'une éthique restauratrice de l'humain, permettent d'imaginer en se démarquant du positivisme juridique, l'élaboration d'une proto-anthropologie de la citoyenneté. L'intérêt commun pris dans le sens de totalisation des particularités n'évacue pas pour autant l'antagonisme ontologique qui caractérise les interactions humaines. Il se dégage dans la pensée du domaine public une subversion du domaine privé qui rend nécessaire l'identification des deux ordres : moral et juridique.

On s'aperçoit que la dignité citoyenne ne peut se réduire au strict respect des droits fondamentaux du citoyen ou de l'homme, mais implique le contenu substantiel de ce que l'on entend par « intérêt commun ». C'est de cet intérêt que l'on peut saisir la symbolisation identitaire comme celle de la société humaine ou la communauté politique. La dignité citoyenne se traduit beaucoup plus souvent aujourd'hui par le voilement de l'être par la métaphysique classique, le rationalisme, le matérialisme et la démocratie comme catégories idéologisantes du social. Il est donc heuristiquement fécond de tenter de comprendre l'évolution des représentations et des catégories d'analyse qui accompagnent le développement du citoyen dans le processus de démocratisation sociale. La médiation du droit dans l'apprentissage de la citoyenneté, pose le débat social en termes de devenir de l'humanité. La perspective marxienne de l'inégalité ne peut combler l'explication du déséquilibre fonctionnel et systémique de la société contemporaine. L'exigence de légitimité d'un ordre juridique conciliateur de la dignité citoyenneté et de l'intérêt commun ne « peut être obtenue que par la force d'intégration sociale de la volonté concordante et unie de tous »[177]. La conformité du citoyen à l'ordre institutionnel se traduit par la médiation des normes juridiques structurantes et relance la question sociale comme soubassement du droit et de la citoyenneté.

Il y a donc l'idée d'un pouvoir public fondé sur la citoyenneté individuelle, débarrassé de toutes formes d'exploitation et d'aliénation en vue d'instaurer un système réellement démocratique. Elle fait de la citoyenneté un processus qui prend en compte le statut social de l'individu dans son rapport de production et de celui qu'il a avec l'État. Ce qui permet à cette citoyenneté de s'exercer collectivement dans la dynamique de l'institution de la gouvernance sociale et démocratique. C'est pour quoi elle renvoie donc à un équilibre de l'individu et de la société, une interaction continue de la personne et de sa communauté politique. Dans cet équilibre difficile, toujours menacé, soit par l'évasion dans l'illusion d'un avenir meilleur ou d'un présent qui va s'améliorer, soit par l'asservissement utilitaire, réside précisément toute la dignité citoyenne humaine, celle que doivent protéger les lois, mais aussi celle que doit sans cesse découvrir et affermir l'effort personnel, la volonté morale. La République dans le processus de démocratisation traduit dans son étymologie, l'idée de cet intérêt commun qui a été occulté par une vision bureaucratique de la vie sociétale. La pression des groupes et mouvements sociaux face à leur condition de vie précaire, oblige le politique à prendre une nouvelle orientation qui exige un humanisme démocratique dans lequel l'homme retrouve sa dignité citoyenne en tant qu'agent de développement. Elle n'est pas une simple conception psychologique ou éthique de l'individu mais elle doit se comprendre comme un défi du millénaire. Celui de la résolution impérative de la crise migratoire, de la crise écologique, du terrorisme globalisé, du chômage, de la violence juvénile, de l'analphabétisme des pays pauvres, de la crise de l'eau et des pandémies, etc. Tous ces grands maux de l'humanité qui subsistent, altèrent l'idée d'une dignité citoyenne dynamique et, rendent aussi caduque l'idée d'une émergence sociétale.

---

177 Yao-Edmond KOUASSI, *Habermas et la solidarité en Afrique*, Paris, 2010, p.30-31.

La positivité juridique ne peut s'enfermer dans une autosatisfaction rationnelle de son essence, elle doit opérer une catharsis sociale en recherchant son autonomie dans une praxis juridique, c'est-à-dire dans des conditions effective du droit. Il y a une identité entre légalité et morale, entre démocratie et conscience, entre droit et devoir et que la saisie du sujet de droit transcende la sphère démocratique. En effet, la morale n'est plus qu'une autojustification de la démocratie. Aujourd'hui avec la mobilité sociale, l'universalité humaine tend à consumer le particularisme ou le repli sur soi pour faire émerger une universalité des rapports. Le recours au droit dont la fonction régulatrice et normalisatrice, dispensent du recours à la force physique et permet de remplacer la soumission par l'accord, le pacte ou le contrat social, a constitué l'idéal séculaire de l'État démocratique, de la citoyenneté comme substrat de la modernité politique.

Cet idéal de rationalité et de représentation de la *polis*, constituent les déterminants éthiques d'un principe selon lequel, tous les hommes cherchent le bonheur ou le bien ou n'importe quelles autres normes et valeurs susceptibles de préserver la vie communautaire. Dans ce contexte, le désaccord des hommes, leurs variations dans l'histoire, autant de preuves de l'imperfection de leur connaissance et de leur action, exigent des institutions rationnelles aussi transparentes que possibles qui correspondent aux structures du réel afin de rendre à l'homme la transparence de son être social et le bien-être qu'il recherche. Le moi n'est pas souverain en contexte de sociabilité, mais se réalise en tant que « moi-avec-l'autre [comme] sortie du subjectivisme »[178]. Et c'est là que le sujet retrouve sa société civilisée, dans la mesure où le site d'identité personnelle est l'univers de l'intersubjectivité et de la communication humaine. La citoyenneté ne prend un contenu empirico-juridique que par la forme sous laquelle l'homme se donne à reconnaître devant les autres que devant lui-même, les normes qui déterminent son comportement. Cette vision éthique et anthropologique de la citoyenneté, s'enracine dans la quête d'un ordre politique prenant réellement l'homme comme une finalité.

III- Humanité et ordre juridique

Retrouver l'homme véritable dans son cheminement existentiel est une préoccupation politique et institutionnelle. Les actions de l'homme dans la vie quotidienne sont tenues par un ordre juridique à travers lequel, tout acte porte le sceau d'une liberté subjective contractuelle. Le processus de juridicisation dans l'histoire qui soutenait le désenfouissement de la vie à l'état de nature, se poursuit en termes de projet de constitution d'un ordre civilisé et systémique. Le certificat légal accordé aux activités routinières de la vie quotidienne, la certitude qui indexe les connaissances ordinaires du sens

[178] Sergio COTTA, Op.cit., p.29.

commun sont focalisés sur un ordre constitutionnel. La loi qui « accompagne les milles et une procédures de construction d'une réalité, stable et récurrente objectivement, partagée et sanctionnée intersubjectivement »[179], se consolide dans l'État de droit. Elle permet donc une reprise de la visée transcendantale de la phénoménologie juridique, à savoir « celle d'un dévoilement de la structure a priori, universelle et invariante de la lebenwelt ou de l'Existenzfeld »[180], comme contexte de la liberté vécue par les citoyens. Cette dynamique de socialisation montre comment s'institue concrètement la rationalité juridique des interactions et des interlocutions, à travers lesquelles se fonde le monde civil ou l'état civil et où se déploie l'ordre social. Il s'agit de refonder la vie communautaire primitive qui, serait menacée d'implosion faute de normes structurantes ou bien qu'existantes seraient inefficaces pour servir de soubassement à la *lebenswelt* en vue de résorber la crise de légitimité que traverse l'humanité.

Ainsi la sociabilité naturelle de l'homme prédispose à l'élaboration d'un cadre juridique et normatif structurel qui, sert de référentiel capable de s'arroger le droit de légiférer sur toute donation de sens à la vie sociale. La question de la légalisation du monde vécu rencontre ici l'ordre juridique qui opère une conversion dans l'attitude du citoyen pour son intégration politique et économique. Le droit est de ce fait le compendium des erreurs successives et des contradictions existentielles propres aux hommes et à leur société. C'est pourquoi, le droit « constitue le premier point de vue d'où l'homme peut [...] lui-même conquérir une liberté et cette libération ne doit pas être rendu difficile par les forces de la nature »[181]. L'histoire universelle de l'humanité est donc inscrite dans la capacité normative du droit qui développe en l'homme toute possibilité rationnelle d'action d'une manière autonome.

La vie de l'homme est « la manière dont les peuples apparaissent dans l'histoire universelle et y prennent position et place »[182]. La maturité politique et démocratique se forgent dans la vie des individus par leurs activités qui visent l'accomplissement de son principe ou de sa constitution. « Le peuple ne peut s'en séparer, car il en a une soif infinie, mais goûter à ce breuvage est sa ruine, en même temps toutefois c'est le levier d'un nouveau principe »[183] de bien-être et de démocratie. L'ordre juridique ne dissocie pas le moment individuel de la configuration sociale ou du substrat concret de l'existence (communication), mais constitue le *telos* d'un vivre-ensemble civilisé. Par les schèmes de la démocratie citoyenne (légalité, justice, droit et institutions ...), le citoyen trouve un carde, un corpus de loi et de règles positives lui permettant

---

[179] Daniel Cefaï « sociologie phénoménologique du monde vécu » in *Les cahiers de philosophie*. Le monde de la phénoménologie à la politique, 15/16, 1992/1993, p.207.
[180] Ibidem.
[181] G.W. F. HEGEL, *Leçons sur la philosophie de l'histoire*, traduit de l'allemand par J. Gibelin, Paris, Vrin, 1963, p.67.
[182] Ibidem.
[183] Idem, p.66.

de construire le champ pratico-sensible et d'organiser l'espace publique et la communauté politique. Ce qui lui permet « de produire des phases d'action correctes et pertinentes, à inventer des solutions appropriées et des réponses viables aux problèmes qui surgissent de contextes non maîtrisés, de circonstances non dominées »[184]. La conformité de l'homme à l'ordre juridique est une nécessité politique, sociale, éthique, culturelle et donc existentielle.

C'est un travail de « re-schématisation de sens par des acteurs toujours contraints de produire et de restaurer un lieu durable de séjour qui leur rende cette terre habitable »[185]. Le positionnement idéologique ou conceptuel de Kant, Hegel et Marx s'inscrit dans cette dynamique au-delà des spécificités des théories de développement qui les caractérisent. Après l'illusion « réaliste, de nombreux révolutionnaires sont aujourd'hui portés à réhabiliter la morale, l'éthique et l'utopie »[186]. Il s'agit d'un dépassement de la perception économiciste ou positiviste du droit pour le rendre plus opérationnel dans la constitution d'un nouveau pacte social. Contre l'ontologie et le matérialisme, le nouveau-droit s'efforce de se rapprocher du social en validant les processus de transformations structurelles, politiques et économiques qui, redonnent au citoyen sa dignité et la plénitude et son épanouissement social. La critique du social du marxisme est une exigence d'un devenir-autre du monde, en dehors du juridisme d'un monde bureaucratisé qui serait synonyme de négation de l'être social de l'homme. En rejetant toutes les abstractions schématiques de la réalité sociale, l'anthropologie marxienne opte pour une synthèse d'équilibre en termes de dépassement de la tension entre la théorie et la pratique où « penser le monde »[187] et le « transformer » s'identifie à la praxis. La négation du droit et de la moralité dans le monde du capital relève d'une incompatibilité systémique entre l'État de droit et l'État social. La perte de la condition d'accomplissement de l'humain se trouve dans les différentes manifestations du règne de la propriété. La dialectique hégélienne se trouve ainsi confirmée au niveau de l'ensemble de l'historicité de l'humain. Elle permet, en tout cas, l'avènement de la synthèse. Dans l'ordre juridique transparait cette opération de conciliation qui, dans son universalité, est le règne du positif pur, du dépassement des contraires pour faire de l'homme un être sociable, c'est-à-dire un sujet de droit. C'est donc cette identification de l'homme à sa valeur sociale qui constitue l'axiomatique sous-jacente au concept de monde.

Mais l'extermination des contradictions relève, chez Marx, d'une utopie méthodologique. On se rend à l'évidence que « le cosmos est la représentation

---

[184] Daniel Cefaï « sociologie phénoménologique du monde vécu » in *Les cahiers de philosophie*. Le monde de la phénoménologie à la politique, 15/16, 1992/1993, p.219.
[185] Idem, p.230.
[186] Edgar MORIN, *Pour et contre Marx*, Paris, Temps présent, 2010, p.23.
[187] Idem, p.32.

d'un monde hiérarchiquement structuré, si bien que l'ordre du monde, cet ordre que nous dévoilent la physique et la métaphysique, est en même temps un ordre des valeurs. Toutes les relations physiques entre les choses du monde, entre les êtres mondains tout aussi bien, est une relation de valeurs »[188]. La plus haute légitimation de cette valeur (l'être émancipé ou être-social chez Marx, le sujet-universel chez Kant et Hegel) est celle du caractère non-contradictoire du monde postrévolutionnaire. La création du citoyen nouveau et du règne de la liberté, présupposent la négation des résidus du monde prérévolutionnaire et particulièrement des manifestations de l'intérêt privé.

La production d'un réel ordre juridique synonyme du parachèvement de notre humanité, n'est pas, selon Marx, le résultat de la réalisation axiologique de l'humain, mais plutôt l'accomplissement du sens de l'Histoire. Cette « histoire universelle n'est d'ailleurs pas le simple jugement de la force, c'est-à-dire la nécessité abstraite et irrationnelle d'un destin aveugle, mais comme l'être pour soi de cette histoire dans l'esprit est un savoir, elle est, d'après le seul concept de sa liberté, le développement nécessaire de la raison, de la conscience de soi et de la liberté de l'esprit, l'interprétation et la réalisation de l'esprit universel »[189] ou encore du monde vécu comme universalité. On découvre dans ce passage le projet d'une théorie du droit soucieuse d'inscrire l'universel dans la proximité de l'intime au lieu de la situer dans la transcendance de la loi. La consubstantialité de la vie à l'universel se manifeste à travers une vie dans l'universel et un universel bel et bien réel, c'est-à-dire le sujet fait corps avec sa liberté en tant que sentiment de soi. Cet ordre juridique rationnel est l'affirmation que l'homme est le seul qui puisse vouloir agir et agir par lui-même ; mais il ne peut faire quelque chose de grand et de durable que selon « les modalités d'adhésion du sujet à la communauté »[190]. Quant à l'humanisme kantien, le devoir est une obligation morale où la volonté subjective agit pour le bien en soi sans inclination et intérêt.

L'obligation éthique se distingue donc fondamentalement de l'obligation morale ou abstraitement juridique. « Elle est bien toujours une restriction de la subjectivité indéterminée, mais sur le mode d'une libération de tout ce qui, du sensible, semble nous contraindre »[191]. Ce processus d'autonomisation de l'homme est ouverture de notre subjectivité à la phénoménalité de l'universel. Celui-ci peut être aussi pensé comme épreuve de la liberté, où se joue la puissance d'imagination créatrice de notre existence, d'invention de notre vie communautaire. L'autonomie politique des citoyens n'est nullement une fin

---

[188] Gérard JORLAND, *La science dans la philosophie Les recherches épistémologiques d'Alexandre Koyré*, Paris, Gallimard, 1981, p.289.
[189] Friedrich HEGEL, Op.cit., p.365.
[190] Michaël Foessel « L'universel et l'intime. L'amour dans les principes de la philosophie du droit » in Jean-François KERVÉGAN et Gilles MARMASSE (dir), *Hegel, penseur du droit*, Paris, Éditions CNRS, 2004, p.166.
[191] Idem, p.169.

en soi ; elle se définit en fonction de la tâche qui garantit aux membres du corps social, une égale autonomie privée.

La fondation du droit de l'homme en tant qu'homme est une objectivation du droit subjectif. Si ce droit n'est pas reconnu et respecté, « la personne pourra être ainsi comme un pur moyen et non pas comme une fin en elle-même, ainsi que le disent concordement Kant et Rosmini. La personne sera donc ravalée à une non-personne »[192]. L'égalité bourgeoise qui fait abstraction des différences entre les individus, n'est qu'un droit formel. Marx parle du droit bourgeois comme droit égal. Pour lui, le droit bourgeois, comme système autonome, différencié des autres niveaux de la réalité sociale ne peut être qu'une simple abstraction de la citoyenneté. On comprend mieux cette approche du droit chez Michel Villey qui se préoccupe de : « comment répartir les choses entre les personnes, attribuer à chacun la sienne, c'est le problème du droit »[193]. Cette caractérisation du droit est sous-tendue par une norme d'équité et d'humanité renvoyant ici à la justice distributive. Cette définition proche de celle de Marx montre que la différence du droit bourgeois, par rapport à d'autres systèmes juridiques, résiderait seulement dans le principe à la base de cette répartition. Or, ce qui se joue avec :

> Le droit moderne n'est pas seulement un changement de principe dans le mode de répartition. Plus exactement, ce changement dans le mode de répartition implique un bouleversement dans le mode de structuration de la société : celui justement qui dit les individus équivalents et non plus disposés selon différents statuts sociaux. La liberté à son tour n'est plus pensée comme un ensemble de droits découlant de l'insertion d'un individu dans une communauté, mais devient un attribut de la personne[194].

La fonction distributive du droit est révélée dans la structure sociale comme manifestation du respect de cette spécificité de l'ontologie sociale et de l'homme. Le système juridique qui ne saurait pas tenir compte de ce droit ou le nier, cesse d'être un système fondé sur l'humain. La problématique de la justice distributive s'identifie à la justice sociale comme cadre juridique où est rendu possible l'autonomisation du sujet vis-à-vis du politique et de son intégration dans l'ordre social. « L'individu est défini par un statut relevant d'un ordre socio-politique et, de ce point de vue, le droit n'existe pas comme système complétement indépendant, différencié d'avec la politique, le religieux, etc., c'est-à-dire ce par quoi se manifeste le fondement de l'organisation socio-politique, la constitution du lien social d'une communauté qui, [...], ne s'est pas désagrégée en individus indépendants »[195]. Dans la société capitaliste, c'est le droit qui institue les personnes. Marx

---

[192] Sergio COTTA, Op.cit., p.18.
[193] Michel Villey in Antione ARTOUS, Op.cit., p.118.
[194] Antoine ARTOUS, Op.cit., p.118.
[195] Ibidem.

souligne le développement des formes juridiques sur la base de cette dissolution de ces rapports de production. C'est pourquoi, dit Michel Miaille, « le système juridique de la société capitaliste se caractérise par une généralisation de la forme abstraite et de la personne juridique qui permettent de représenter l'unité sociale de manière à la fois réelle et imaginaire »[196]. Le droit au-delà de sa dimension idéologique, doit avoir une épaisseur sociale pour surmonter ce rapport superficiel et essentiellement formel que le sujet entretien avec les institutions politiques dans la pratique culturelle, économique et sociale.

Dans la mesure où « les libertés qui sont au cœur de l'ordre juridique libéral sont des droits expressément adaptés à la liberté de commerce entre propriétaires privés, et à la liberté de conscience et de confession religieuse des personnes privées, il est certain qu'on peut estimer que cette conception de la liberté éthique est limitée par l'égoïsme, ainsi qu'on en trouve encore l'écho dans la polémique que le jeune Marx mène contre les déclarations américaine et française des droits de l'homme »[197]. L'inefficacité de la représentation juridique bourgeoise (la liberté des modernes), réside dans le fait d'un déni de reconnaissance du sujet social confondu à un pur sujet juridique. L'intuition normative fondée sur une solidarité citoyenne enracinée dans un universalisme égalitaire, fait défaut à la conception que le libéralisme classique se fait du droit. L'ordre de l'égalité ou de l'universalisme démocratique sont devenus irrecevables par les citoyens qui vivent dans des conditions misérables, les populations vulnérables qui ne comprennent pas l'asymétrie entre le nord et le sud ainsi que les inégalités dans le rapport sud-sud. C'est pourquoi, la reconnaissance en tant que norme socialisatrice butera toujours sur les limites structurelles du médium juridique. Toutefois, les droits culturels, politiques et économiques sont chapotés par un processus d'uniformisation qui brise les frontières subculturelles et géographiques, c'est-à-dire la mondialisation, réduisant ainsi tous les droits acquis à la seule logique de l'accumulation du capital. Cette universalisation se poursuit aujourd'hui sous la forme d'une identité intégratrice du citoyen conformément à une convergence des rationalités dans la dynamique conquérante du capital.

IV - La citoyenneté mondiale et l'objectivation du droit

L'identité de l'homme empêtrée dans une économie mondiale permet de redécouvrir à la fois la nature de l'aliénation et de la liberté comme des modalités existentielles et de l'homme. Le rapport de l'homme à l'universalité est marqué par la dimension économique. La réflexion sur la citoyenneté et

---

[196] Idem, p.119.

[197] Jürgen HABERMAS, *Entre naturalisme et religion. Les défis de la démocratie*, traduit de l'allemand par Christian Bouchindhomme et Alexandre Dupeyrix, Paris, Gallimard, 2008, p.217.

l'institution d'un ordre social cosmopolitique représentent les tâches fondamentales de la modernité politique. Et « pour que s'institue une constitution conforme au Droit et à la Raison, entre les citoyens d'un même État comme entre les États, il faut qu'un point d'équilibre soit atteint et que, la concurrence ayant cessée, s'instaure le règne de l'harmonie »[198]. Ce qui veut dire que l'ordre juridique s'inscrit dans un processus institutionnel de stabilité politique et sociale. La gouvernance démocratique traduit ainsi l'expression de l'authenticité de la communauté politique devenue transparente à elle-même et, susceptible de mieux s'autonomiser. L'impératif catégorique consiste pour le sujet à faire de lui-même un producteur de sens et d'un monde centré sur une loi rationnelle. On se rend compte que la dimension politique de cet impératif, découle de l'objectivité d'une humanité toujours en quête d'un idéal sociétal.

La dissolution de la particularité dans une citoyenneté mondiale symbolise l'ouverture et la solidarité citoyenne. Celle-ci est faite d'échanges de connaissances, d'enrichissement mutuel, de métissage culturel. On s'aperçoit que nouvel ordre politique mondial est une traduction de la flexibilité et de la capacité adaptative du droit face aux mutations sociétales et aux exigences de justice et de liberté sociales. L'objectivité de l'ordre juridique ne peut se réduire aux seules normes juridiques, car elle part toujours d'un élément logiquement et matériellement antérieur aux normes et aboutit souvent à des phénomènes qui ne se trouvent pas tous compris dans l'action de poser les normes elles-mêmes. En effet, le droit donne non seulement la dimension individualisante des sujets sociaux, mais aussi l'ordre institutionnel au sein duquel se réalise la reproduction matérielle. Il y a donc une relation transversale entre le droit, l'économie, la politique et l'environnement.

Le droit positif est ainsi la manifestation normative des forces sociales. Toute force sociale tend à se structurer suivant un ordre juridique objectif qui lui permet d'assurer et de maintenir son identité. Dans la formation des institutions on a d'abord, le fait que toute force sociale tend à s'organiser, à se muer en institution. Ensuite elle est le produit de la nature sociale et non individuelle de l'humain. De sorte que l'institution est tout d'abord un simple être ou corps social, et ne devient une réalité en acte que lorsqu'elle est entièrement conditionnée par le droit. L'adhésion à la citoyenneté mondiale serait une révolution démocratique si les termes (le civisme, la responsabilité, le devoir, etc.) de définition de ce processus de maturation politique demeurent sans ambiguïtés. Ce qui n'est pour le moment pas le cas, car la montée du populisme et la réctivation des idéologies nationalistes en Europe, compromettent les chances de cette transformation sociale d'un monde unipolaire. La laïcisation du champ politique transposée dans le domaine économique serait l'idée d'une histoire humaine issue des Lumières. La postmodernité démocratique doit donner les clauses de sauvegarde de la

[198] Emmanuel KANT, Op.cit., p.133.

dignité citoyenne et garantir la sécurité des citoyens face à une menace terroriste qui se globalise elle aussi. La paix perpétuelle de Kant ne peut se réduire à un idéal communautaire ou à une utopie bienfaisante de la condition humaine. Elle est confrontée aux contingences et aux dysfonctionnements structurels, psychologiques et ethnoculturels qui font planer sur elle un risque d'échec. La perversité enracinée dans la nature humaine ne peut se dissimuler que « par la contrainte qu'exercent les lois civils parce qu'au penchant des citoyens à user de la violence les uns envers les autres »[199], s'oppose la loi et le développement des dispositions morales à respecter directement le droit qu'incarne chaque membre du corps social national. L'union du citoyen avec le monde politique est inscrite dans la constitutionnalisation d'une intersubjectivité basée sur des relations internationales de la structure interne des États. Le développement du droit en tant que système juridique nous montre que le social sécrète du droit ; produit donc des valeurs qui s'objectivent dans les institutions.

L'émergence du droit constitutionnel est la manifestation de cette objectivation du droit au sein de l'État. Ce qui donne au droit le statut de pyramide normative concrétisée dans un ordre institutionnel hiérarachisé. Dans le processus d'objectivation, l'État devient une réalité purement juridique, une entité de droit, au sens strict du terme. L'État est donc la manifestation d'un ordre social donné, c'est-à-dire l'efficacité de son ordonnancement juridique.

Du point de vue juridique, la légitimité du pouvoir politique repose sur sa capacité à instaurer une démocratisation sociale, c'est-à-dire faire reposer le social sur un arsenal juridique solide et attractif. C'est une nécessité communautaire qui ne peut se négocier, car elle s'impose comme la marche irréversible des peuples dans un besoin renouvélé de justice sociale. Cette exigence est le point focal, dans l'économie politique, de la critique de Marx ainsi que dans *la philosophie du droit de Hegel* où il s'en prend à l'universel chez Hegel qui s'articule autour du droit bourgeois. La dialectique hégélienne pose l'État rationnel comme la réalisation absolue de la Raison en lui conférant une capacité normative en termes d'ordre juridique parfait.

La finalité des actions humaines obéit à cette légitimation de l'État qui apparâit à l'individu comme une exigence morale et juridique, aussi bien dans sa forme que dans son contenu. Chez Marx, la lutte pour l'institution d'un ordre est la lutte pour l'égalité, car la finalité de universel comme totalisation des particularités, n'est rien d'autre que le règne d'une liberté-égale. Tout système de normes présuppose un fondement éthico-juridique, car il fait appel à des valeurs qui sont censées être les principes de la réalité dont il est question.

La persistance du conflit comme une réalité systémique dans les interactions humaines, rend impératif la vision d'une intégration humaine qui

[199] Idem, p.99.

déborde le cadre restreint de l'État-nation. Tout cela montre que le citoyen est condamné à la liberté et de ce fait, il doit garder en vie une identité à la fois rationnelle, juridique et sociale pour le maintien du lien social. C'est une réflexion post-métaphysique et postrévolutionnaire selon laquelle « la vie du genre humain avance en fonction d'un plan qui sera certainement atteint parce qu'il existe une nécessité et une obligation qu'il soit »[200]. Or, le devenir de l'humanité passe par une constitution juridique cosmopolite selon Kant, où il n'y a ni la race, ni la nationalité comme entité politique ou juridique prédominante, mais la nécessité de l'organisation et de la structuration d'une communauté politique mondiale. Ce qui prouve que la citoyenneté marque la volonté de vie commune dont elle est le signe et qui, serait essentiel dans la théorie du droit positif. C'est par la notion de droit que s'achève cette synthèse du social et du politique et que s'effectue la transformation de l'individu en être collectif sur fond d'utilité publique et de justice. Toute la force de l'organisation politique part de la représentation juridique de la nation dans laquelle le citoyen exprime sa liberté.

La société internationale à partir de laquelle l'on envisage la citoyenneté mondiale est balbutiante, car les États revendiquent aujourd'hui encore leur souveraineté qui serait pour eux l'expression d'une autonomisation. De sorte qu'à défaut d'une loi commune supérieure, l'exigence d'une justice mondiale, peine à se matérialiser. Dans ce contexte, l'objectivation du droit possède une dimension programmatique, permettant d'introduire des changements dans le social, et des réformes graduelles compatibles à l'idéal de paix tant au niveau privé qu'au niveau public et surtout entre les États. Ainsi, la lutte constante pour le droit doit être comprise comme une lutte constante pour la justice.

Mais tout changement social opéré par le droit ne va pas forcément dans le sens de l'universalisalité de notre humanité. L'histoire des atrocités et des guerres ont revelé la barbarie humaine qu'il faut de l'humanité nous a révélé qu'il y a eu des bouleversements sociaux contraires aux exigences juridiques. Cette normalisation de la société mondiale implique la délimitation du champ du possible dans les sociétés modernes, par une osmose entre le droit et le social. C'est la maturation d'une démocratie citoyenne dont la finalité est de proposer, de légiférer et de réaliser le bien-être. Toute une législation sociale liée aux exigences de démocratisation de l'espace public, interdira les pires formes de maltraitance des enfants, de l'inégalité de sexe et de genre, le chômage des diplômés, les excès de la puissance économique, etc. Cette conception d'une existence raisonnable permet aux droits des individus de s'exercer conformément au bien commun, à l'intérêt général. Ce sont donc des mesures législatives et administratives, c'est-à-dire sous forme d'une législation sociale, qui viennent remplacer l'égalité formelle contenue dans la déclaration universelle des droits de l'homme. La citoyenneté trouve sa

---

200 Peter SLOTERDIJK, *Tempéraments philosophiques*, Paris, Libella, 2011, p.84.

légitimation démocratique et politique dans l'objectivation du droit comme normativité juridique de l'intégration sociale.

Les exigences de l'ordre juridique présentent le droit comme un moyen permettant de réaliser certaines fins acceptées au préalable par la communauté politique. La légitimité et la légalité de toute institution est la production du sens démocratique de la communauté politique, c'est-à-dire le fait qu'elle répond aux aspirations des citoyens et se conforme aux mutations des sociétés. Ce qui renvoie à un pragmatisme institutionnel faisant preuve d'un réalisme politique.

V-La subjectivité transcendantale et le pragmatisme institutionnel

Hegel et Kant ont développé une subjectivité transcendantale, dans leur volonté d'autonomisation du sujet et d'une liberté infaillible. Mais ce projet ambitieux et rationnel ne peut se réaliser que dans un cadre institutionnel dont les réalités sont médiatisées par la contingence et le hasard. En ce qui concerne le sujet rationnel la tension entre a priori et empirie est évacuée par une axiomatique de la transcendance. La réalité de l'individu se donne dans la réalité qu'à condition qu'il pénètre dans l'existence, dans la particularité qui se définie comme une sphère spécifique du besoin. Cette incursion de la particularité dans l'ordre objectif, c'est-à-dire l'ordre social en s'y conformant juridiquement, se réconcilie avec lui, et devient rationnellement nécessaire comme droit subjectif universel. C'est à partir de là que l'universel de la liberté, d'une manière abstraite acquiert l'objectivité morale qui fonde la société. Le « je-universel » de Kant et l'idéalisme subjectiviste de Hegel dans l'histoire de l'ontologie, montrent bien la puissance expressive du sujet qui va au-delà de ce qui paraissait comme une limitation.

Du coup, on est en présence d'un subjectivisme absolu qui se comporte comme omniscient dans son agir. Cette caractérisation du « je » par la métaphysique classique est mue par le désir constant d' « aller au-delà et de définir un nouveau type d'intelligibilité »[201]. Il y a donc un rapport intrinsèque entre cette subjectivité transcendantale et le concept d'universel qui représente, chez Hegel, la réalisation du projet de cette odyssée de la raison dans l'histoire de l'humanité. Hegel est considéré comme un « super Kant », car son œuvre opère la réalisation théorique de la philosophie et la pensée moderne dans son essence. Or, ce qu' « elle [son œuvre] réalise théoriquement, la civilisation contemporaine, dans son activité scientifique, technique, administrative, l'effectue pratiquement »[202]. C'est pourquoi, il convient de déduire de cette activité normative de la raison chez Hegel, un pragmatisme institutionnel comme une sorte de dérivée, un travail en amont qui ouvre la voie à une réalité institutionnelle dans laquelle s'organise et se

[201] François CHÂTELET, *Hegel*, Paris, Seuil, 1968, p.33.
[202] Idem, p.14.

réalise l'édification de notre société actuelle. Le pragmatisme institutionnel fondé sur le droit et les normes d'une société moderne, est redevable à « une raison qui ressortit à la fois aux normes de la science philosophique et aux critères de la positivité empirique, puisqu'il a décrit ce qui devrait advenir (historiquement) et établi pour quelles raisons (logiques) il ne pouvait manquer d'en être ainsi »[203]. Pour cela, les logiciens et les philosophes du droit comme Hegel ont développé des systèmes conceptuels qui ont contribué à l'amélioration du droit et de la science juridique. Le droit aujourd'hui est pourvu d'une nature organique et d'une force d'expansion qui le caractérisent, c'est-à-dire une aptitude à se développer en s'adaptant aux situations nouvelles. Évidemment, ces mutations juridiques sociétales et contextuelles continues, représentent l'extension des normes existantes et pensées par l'ontologie du droit. L'ontologie est un outil de représentation des connaissances qui peut être manipulé. Et le droit est soumis de façon continue à des évolutions, comme nous l'avion dit précédemment, voire à des changements radicaux, c'est-à-dire travail d'interprétation des faits et des textes par le législateur et la doctrine.

La paix, la quiétude, la démocratie et la sécurité que peuvent avoir les nations, relèvent des institutions qui les fondent et de la volonté politique d'œuvrer pour le bien de tous. Si l'idée de la volonté générale est l'incarnation institutionnelle des volontés subjectives, on ne saurait occulter le fait que c'est d'abord de notre subjectivisme que l'universalité devient une réalité. La question ici n'est pas de savoir si l'individu est plus important que la communauté, mais d'exprimer la responsabilité subjective dans l'instauration de la justice et, refuser de croire qu'elle est une affaire d'État, de constitution ou de législateur, car c'est une façon naïve pour chaque citoyen de s'assumer et d'assumer sa responsabilité civile. Il faut souligner que la portée de l'application du droit est telle qu' « elle engage un certain nombre de prises de position sur des problèmes précis relevant de la raison pratique juridique ou morale »[204]. On s'aperçoit que la doctrine du droit résulte de deux catégories constructives : le subjectivisme par la libre volonté d'agir, prend l'humanité comme une finalité universellement comprise. Ce faisant, la loi rationnelle est réalisation de l'en-soi pour-soi. Et l'objectivisme où le devenir de la société humaine s'assume dans une certitude juridico-éthique. Ce dualisme dans l'élaboration de la loi a bien évidemment « une portée considérable pour toute théorie politique ultérieure, dont [il] constitue même en quelque sorte l'acte de naissance »[205]. De ce point de vue la doctrine du droit se comprend dans la relation du sujet à l'universel comme nous l'a démontré Kant dans « l'impératif catégorique ».

---

[203] Idem, p.15.
[204] Alain RENAULT, Op.cit., p.319.
[205] Idem, p.320.

La doctrine du droit marque un virage véritablement capital dans l'histoire de la réflexion juridico-politique, puisqu'elle opère la synthèse, inédite d'une problématique morale et d'une problématique jusnaturaliste. Plus précisément, elle situe le droit par rapport à la morale (pure) comme en étant l'incarnation et, ce faisant, prenant en compte l'empiricité, elle conduit à distinguer de façon purement philosophique la société et l'État par où elle apparaît très exactement comme le lieu où s'accomplit le passage des théories du droit naturel moderne, en tant que réflexions sur la légitimité et la souveraineté, aux théories politiques contemporaines, en tant que réflexions sur les rapports de la société et de l'État[206].

Ce pragmatisme juridique qui rend toute théorie valide à partir de la raison pratique est la contribution kantienne à la genèse du positivisme juridique. On peut donc en effet, rappeler, que « Michel Villey estimait qu'au sein d'une pensée moderne tendant globalement au positivisme, c'est la doctrine kantienne qui, pour la première fois, livre les juristes à l'empire des lois positives, sans restriction ni condition »[207]. Au-delà de cette considération kantienne du droit, ce qu'il faut retenir, c'est que Kant inscrit la pensée du droit dans une perspective universaliste de la volonté, puisque c'est « l'instance [...] du droit qui revient à tout homme en tant qu'homme qui régit l'articulation du droit privé et du droit public »[208]. Cette universalité est la raison immanente de l'évolution du droit, car en reconnaissant l'équivalence juridique de tous, il reconnaît nécessairement tous les individus comme sujets de droit. Il reconnaît donc l'égalité de tous en tant que personnes juridiques.

Certes, cette égalité est purement formelle ou abstraite en termes de contenu, c'est-à-dire les droits respectifs de tous les citoyens pouvant être différents. Mais vu que toute forme tend à se faire un contenu pour se le rendre semblable, on peut dire que toute égalité formelle tend à se muer en une égalité de contenu. Ce qui veut dire que l'essence de la justice, c'est la reconnaissance de l'équivalence et de l'identité entre forme et fond qui sont des catégories substantielles permettant au droit de prédisposer les sujets à une égalité devant la loi.

La justice et le Droit de l'équivalence ont une tendance immanente à devenir une justice et un Droit de l'égalité. Ce pragmatisme institutionnel qui rend le droit plus concret, met en relief la manifestation sociale du droit et des conditions objectives de son engendrement. Il exige de reconnaitre la personnalité juridique des personnes dont les conditions humaines sociales sont inégales. Et « l'égalité vraiment absolue et universelle coïncide avec l'équivalence, de même que l'équivalence vraiment rigoureuse et objective (c'est-à-dire contrôlée par les interactions, par le croisement des droits et des

---

206 Ibidem.
207 Idem, p.322.
208 Idem, p.325.

devoirs) aboutit à l'égalité »[209]. La conjonction des droits et devoirs reflète l'idéal de justice enraciné dans l'efficacité institutionnelle.

VI- Interaction droit public et droit privé dans la phénoménologie du droit positif

La subdivision du droit positif en droit public et privé traduit à la fois le dynamisme juridique dans l'élaboration des principes régulateurs. Mais elle pose la problématique de leur empiètement, c'est-à-dire leurs interactions si bien qu'à un moment donné, on serait tenté de parler de la dissolution du droit privé dans le droit public. Mais que recouvrent les notions de droit privé et de droit public ? La réponse à cette question vient de Maurice Duverger qui nous donne une distinction essentiellement organique du droit privé et du droit public. « [Le droit privé] régit les rapports des particuliers entre eux, tandis que [le droit public] définit l'organisation des autorités publiques et s'applique aux rapports des autorités publiques entre elles et des autorités publiques avec des particuliers. Le droit privé est donc celui des gouvernés et le droit public celui des gouvernants »[210]. La netteté de cette distinction sémantique n'est pas évidente dans la pratique, c'est-à-dire dans leur application. Le droit existe en acte, car étant réalisé par un organe qui agit, et accessoirement sur la forme que prend son action. Le point de vue matériel n'intervient presque pas dans la distinction du droit privé et du droit public. « Un grand nombre d'intérêts publics sont pris en charge, totalement ou partiellement, par le droit privé (l'enseignement privé, par exemple, répond au même besoin public que l'enseignement public : ce dernier seul est cependant régi par le droit public) »[211]. Il s'agit de droit privé là où aucune des deux parties en cause ne prétend agir au nom de l'État, où il n' y a pas de fonctionnaire-imposteur ou présumé comme tel. « Tout comme le droit public, le droit privé peut être soit pénal, soit civil. Il est pénal lorsque l'une des parties est la société en tant que telle, c'est-à-dire un membre quelconque de la société. Il est civil quand les deux parties sont des membres de la société, pris dans leur spécificité en tant que différents de tous les autres membres »[212]. Le droit privé ou civil qui ordonne la paix et la conservation des individus dans leurs rapports, implique le châtiment de ceux qui transgressent la loi pour assurer la réparation et la prévention.

Le droit pénal préserve la violation du cadre normatif dans lequel doit se réguler le commerce entre les individus. À côté du crime qui « consiste à violer la loi et à s'écarter de l'obéissance à la droite raison, ce par quoi l'individu dégénère et proclama qu'il rompt avec les principes de la nature

---

[209] Alexandre KOJÈVE, Op.cit., p.313.
[210] Maurice DUVERGER, Op.cit., p.50.
[211] Idem., p.51.
[212] Alexandre KOJÈVE, Op.cit., p.475.

humaine pour vivre en créature malfaisante, le plus souvent, un dommage injuste a été causé et telle ou telle personne, c'est-à-dire un autre homme, a subi un préjudice de fait de l'infraction ; en ce cas, à côté du droit de punir, qu'elle partage avec les autres hommes, la personne lésée possède un droit propre à ce que l'auteur du dommage le répare »[213]. Le droit pénal est caractérisé par le fait de l'intervention d'un Tiers (le magistrat), si elle n'aboutit pas à un acquittement, a pour conséquence une peine, ce qui veut dire que le magistrat, qui s'est vu confier le droit de punir en vertu de sa fonction, peut souvent remettre la peine des infractions criminelles de sa propre autorité ; ce qui veut dire que le Tiers annule l'action en tant que volonté et intention, ainsi que par le fait que le Tiers intervient spontanément. L'action criminelle est rapportée à un membre de la société, c'est-à-dire à la société en tant que telle. Dans ce contexte où intervient ici le droit de punir, l'objectif de la peine est coercitif, car elle permet une transformation de l'individu qui se démarque de sa sociabilité à prendre conscience des limites que lui prescrit la loi. Du coup, le droit pénal a pour fonction de châtier l'infraction pour prévenir et empêcher qu'elle se reproduise (droit de punir) et celle de se faire indemniser dans le sens de la réparation du préjudice commis. Par opposition :

> le Droit civil est caractérisé premièrement par l'absence de peine, ce qui veut dire que le tiers se contente d'annuler l'action illicite en tant qu'acte et non en tant que volonté ou intention, et deuxièmement par le caractère provoqué de l'intervention du Tiers, ce qui veut dire que celui-ci rapporte l'action illicite non pas à la Société en tant que telle, c'est-à-dire à son membre quelconque, mais à un membre de la Société pris dans sa spécificité[214].

Un système de droit qui viole les droits naturels des individus est un contresens, car le droit est synonyme de justice. Par essence, le droit civil n'implique pas cette peine, il y a tout au plus l'idée d'une réparation des dommages engendrés par l'acte illicite, ces dommages ayant été subis par le membre de la société juridiquement lésé.

> Si A a le droit subjectif (right) *civil* d'agir ou de se comporter d'une certaine façon, il l'a vis-à-vis d'un B déterminé. Seul B peut léser ce droit de A par son action ou son comportement. Car si n'importe qui peut léser le droit de A, ce droit n'est pas spécifique à A : n'importe qui peut avoir le même droit. Si le droit de A peut être lésé par n'importe qui, c'est que ce droit met A en rapport (effectif ou virtuel) avec un membre quelconque de la Société. Or par définition le membre *quelconque* n'a aucun rapport *spécifique* avec A, il n'a aucune raison de léser le droit de A plutôt que celui de n'importe qui d'autre.

---

213 John LOCKE, *Deuxième traité de gouvernement civil*, traduit de l'anglais par Bernard Gilson, Paris, Vrin, 1977, p.80.

214 Alexandre KOJÈVE, Op.cit., p.475.

C'est dire qu'en lésant ce droit de A on se rapporte non pas à A exclusivement, mais à un membre quelconque (sujet de ce droit[215].

Les rapports entre les sujets de droit, n'établissent pas une transparence de la corrélation qui existe entre comportement légale et justice. La peine qui outrepasse la nécessité de conserver le dépôt du salut public est injuste par nature ; et la peine est d'autant plus juste que la sécurité devient inviolable et sacrée En outre, la liberté que le souverain conserve à ses citoyens est plus grande. La procédure civile étudiée dans le droit privé, fait également partie du droit public et spécialement du droit administratif, puisqu'elle n'est autre que l'étude d'un service public particulier : celui de la justice pénale. Dire le droit positif dans son démembrement comme droit privé, c'est affirmer une liberté d'action universelle et légitime qui respecte la liberté et la dignité de l'autre. « Jacques Maritain disait que la personne humaine possède des droits du fait même qu'elle est une personne, un tout, maîtresse d'elle-même et de ses actes ; que, par conséquent, elle n'est pas un moyen au service d'une fin, mais une fin en soi qui doit être considérée comme telle »[216]. Il faut donc défendre contre les usurpations privées de chaque homme en particulier, qui cherche non seulement à retirer du dépôt du salut public sa propre portion, mais à usurper celle des autres. La justice en tant qu'elle est la fin du droit (privé ou public) assigne des limites au citoyen, si bien que la sphère politico-juridique à l'intérieur de laquelle s'inscrit l'action individuelle ou collective, n'est plus astreinte à la liberté mais à la compétence du législateur et à la capacité de la loi d'assurer la vie de la communauté politique, de l'humanité.

L'interaction du droit privé et du droit public trouve sa légitimation dans les fins élevées et extérieures au politique. Ces deux formes de droit posent le problème des différentes techniques juridiques employées. Si le droit privé est un droit de collaboration, de coopération et d'égalité, car on peut être obligé sans avoir accepté l'obligation, le droit public quant à lui, est un droit de contrainte, de commandement, de domination, d'autorité et d'expression de puissance. L'institution de l'État moderne s'est faite par les dispositions normatives et les dispositions constructives qui, étaient contenues dans le droit positif depuis ses origines et qui se sont raffermies dans le temps. L'autonomie du droit public s'est réaffirmée avec la menace permanente des États despotiques et tyranniques. Aujourd'hui, « les conceptions de la démocratie sociale et la nécessité d'une intervention économique de l'État conduisent à développer de nouveau le droit public »[217]. Le droit public se subdivise en droit constitutionnel et en droit administratif. Cependant, établir leurs frontières est délicat. Le droit constitutionnel fixe la structure de l'État et

[215] Idem, p.476.
[216] Maurice Cranston « qu'est-ce que les droits de l'homme » in Walter LAQUIER et Barry RUBIN, Op.cit., p.30.
[217] Maurice DUVERGER, Op.cit., p.52.

s'applique aux autorités dites politiques. Le droit administratif détermine les rapports entre l'État et les individus. Il s'applique aux autorités publiques qualifiées d'administratives.

Mais « la séparation de l'administration et de la politique, impliquée par une telle définition, demeure assez vague. En fait, la séparation du droit constitutionnel et du droit administratif est purement pédagogique et n'a pas de caractère scientifique »[218]. Cette séparation ne peut se faire de façon absolue, car « une partie de l'activité des autorités publiques entre elles et des autorités publiques est régie par le droit privé (contrats de l'administration, services publics industriels) ; une partie de l'activité des particuliers se trouve, au contraire soumise au droit public (entreprises privées d'intérêt public »[219]. Cette imbrication du droit public et du droit privé est certes une complexité de l'ordre en lui-même, mais justifie certaines interventions qui, combinent par méconnaissance le point de vue formel avec le point de vue organique.

Il faut rapporter le droit constitutionnel non pas à l'État en tant que tel, mais aux particuliers ou aux individus, car on applique le droit privé aux gouvernants lorsqu'ils utilisent des procédés contractuels analogues à ceux dont se servent les particuliers dans leurs rapports intersubjectifs ; et inversement on soumet les gouvernés (citoyens) au droit public lorsqu'ils ont le pouvoir exceptionnel d'user des procédés de contrainte normalement réservés aux autorités publiques. On voit bien qu'à un moment donné le domaine public et le domaine privé s'interpénètrent. « Le Droit public (surtout en tant que Droit administratif) est censé régir tant les rapports entre l'État et les individus que les interactions entre les individus eux-mêmes, du moins entre les individus pris en tant que citoyens »[220]. Donc la constitution règle les interactions civiques des citoyens en vue d'extirper toute velléité de conflit entre eux. De ce fait, la constitution n'est donc pas un Droit, elle est au contraire une nécessité politique et non juridique. Les interactions du droit public et du droit privé nous amène à mieux comprendre l'idée selon laquelle l'État se rapporte aux particuliers, à des individus en commençant par faire la distinction entre ces deux notions très souvent confondues.

> Le particulier n'est pas nécessairement un individu : il peut être aussi un groupe, un collectif quelconque. Inversement, un individu n'est pas seulement un particulier, c'est-à-dire un non-citoyen au sens fort du terme. Il faudra donc distinguer entre les citoyens (individuels ou collectifs, tels que les Partis politiques par exemple) et les particuliers (individuels ou collectifs, tels qu'une famille, une Église, un groupement économique, etc.). L'homme sera un particulier et agira en tant que tel quand il n'agira pas politiquement, c'est-à-

---

218 Idem, p.51.
219 Ibidem.
220 Alexandre KOJÈVE, Op.cit., p.396.

dire en sa qualité de citoyen [...]. Et il sera citoyen s'il agit pour des motifs purement politiques, c'est-à-dire en tant qu'élément intégrant de son État[221].

Le droit public règle les rapports entre l'État et ses citoyens qui agissent en tant que membres du corps social. Ces rapports sont purement politiques. En effet, l'État autonome ou souverain est isolé et ne se rapporte qu'à lui-même et par sa constitution. La constitution est d'abord une organisation cohérente et rationnelle, « [elle] recouvre aussi celle d'un texte écrit, dans lequel doit être précisément déterminé et fixé cette organisation politique rationnelle. [...] Pacte par lequel les hommes décident d'établir entre eux une société, avec les obligations et les restrictions »[222].

Elle se présente à la fois comme la norme référentielle, la loi suprême qui s'impose à tous les citoyens comme le cadre qui prescrit du point de vue juridique, économique et sociale la façon dont doit se traduire la sociabilité des membres. La sécurité juridique doit nécessairement défendre ses citoyens contre l'arbitraire, c'est-à-dire contre l'ennemi de la justice et réguler les interactions entre les citoyens et l'État. On peut ainsi schématiser cette interaction entre sujet, droit et justice de la façon suivante :

> Un citoyen A agisse civiquement d'une façon légale, c'est-à-dire conforme à la Constitution, et qu'il retire de cette action un avantage privé ou particulier. Supposons que cet avantage particulier lèse les intérêts particuliers d'un citoyen B, et admettons que B soit dans son droit du point de vue du Droit privé en vigueur, c'est-à-dire que l'action particulière de A ne soit pas conforme à un idéal donné de Justice. L'action particulière de A sera donc injuste. L'action civique qui la provoque le sera donc aussi. Et puisque cette action est conforme à la Constitution, c'est-à-dire politiquement légale, cette Constitution elle-même, la légalité politique en général sera dite injuste. (Elle pourra dans le même sens être dite juste, si elle exclut la possibilité de cas analogues au cas considéré.) C'est ainsi et ainsi seulement qu'une constitution, qui n'est en elle-même ni juste ni injuste, peut être injuste ou juste : la catégorie juridique pourra s'appliquer au domaine du droit public. (Seulement l'idée de justice n'engendrera pas ici un Droit, car elle ne pourra pas être appliquée par un Tiers impartial désintéressé : il n'y aura que les parties en cause, à savoir l'État et son Droit public et la Société non civique et son Droit privé[223].

Cet enchevêtrement du Droit public et du Droit privé s'explique par le fait que les deux ont non seulement une source commune, le Droit positif, mais que l'organe qui élabore et exécute ces deux subdivisions juridiques est l'État. Le groupe politique exclusif (État) coïncide avec le groupe juridique exclusif (la Constitution ou Droit public). Là où le Droit public peut être juste ou

---

[221] Ibidem.
[222] Maurice DUVERGER, Op.cit., p.2.
[223] Alexandre KOJÈVE, Op.cit., p.398.

injuste, il se rapporte aux relations soit entre l'État et les citoyens, soit entre l'État et les particuliers. Dans le cas d'un litige entre l'État et le particulier, c'est-à-dire entre le politique et le privé, les deux s'excluent mutuellement. « Tout arbitrage, tout compromis est donc impossible, et c'est dire que le Droit n'a que faire de cette situation. En particulier l'État est politiquement astreint à la suppression pure et simple de l'élément privé qui s'oppose à lui et tend ainsi à le supprimer. Car la réalité de l'entité privée comme on le voit nettement en cas de guerre, la guerre actualisant l'entité politique ou l'État et annihilant ou pouvant annihiler l'homme privé en tant que tel, par exemple en tant qu'animal »[224]. L'injustice qui transparait dans cette interaction politico-juridique, remet en cause la problématique de l'égalité que confère le Droit dans sa manifestation empirique. Ici le rapport entre le politique et le privé suppose donc une ressemblance ontologique, car toute action doit se mener que sur ce qui appartient au même niveau de l'être.

Conclusion

La structuration morale, juridique et politique de notre humanité, désigne le monde de l'universalité. Peut-être l'homme n'échappe pas à l'nstrumentalisation sa propre rationalité politique et juridique en fonctions de ses orientations, mais l'idée d'un meilleur paradigme social demeure sa préoccupation fondamentale. L'État-nation conduit à une cybernétisation de l'homme social, orienté du dedans et contrôlé du dehors par des micro-pouvoirs et des superstructures à partir desquels, ce qu'il y a de plus essentiel en l'homme se perd dans le droit qui traite l'individu autre qu'un simulacre d'humanité ou d'universalité. L'universalité est en l'homme et vient de l'homme. Mais sa conquête exige une convergence de l'idée de justice, de paix et d'égalité entre les individus, les communautés et les États. Aujourd'hui, toute société civilisée serait une société démocratique où le droit apparaît comme un instrument de dénonciation des fétichismes, des scissions, des mutilations de l'être humain. Il faut que l'homme intervienne impérativement pour apporter un remède aux déséquilibres dévastateurs dont il est lui-même l'auteur. Affranchir l'humanité d'une aride socialisation superficielle et bureaucratique, exige une législation sociale efficace pour répondre aux attentes de la population mondiale. Dans ce contexte, on s'aperçoit de plus en plus que le rapport de l'homme au droit, de l'homme à la citoyenneté comme modalités juridiques et éthiques, devraient pouvoir transformer l'apparence droit de l'homme en une justice universelle.

---

[224] Idem, p.400.

Chapitre deuxième

Cosmopolitisme juridique et mondialisation

L'humanité a pu elle-même, au lendemain de la révolution française, faire l'expérience de la tragédie de la passion et de la raison humaine. Le crime ainsi commis s'explique par une méchanceté intrinsèque de l'homme. Cette nature humaine fait appel à une situation d'urgence où le bon fonctionnement de la raison juridique doit s'accommoder au bon fonctionnement de l'institution, c'est-à-dire d'un ordre universel qui légalise et légitime la constitution de la communauté politique. Dans la poursuite d'une déconstruction des conditions politiques et économiques qui ont entrainées la terreur révolutionnaire, la philosophie kantienne du droit ouvre sur une radicalisation de la légalité et de la positivité dont l'objectif est de parvenir à un ordre juridique cosmopolitique juste et bon pour les citoyens du monde.

Dans cette perspective d'une gouvernance mondiale constitutionnellement établie, Kant propose « la paix perpétuelle comme un idéal vers lequel l'humanité devrait tendre »[225] dans sa relation interétatique et intercommunautaire au niveau économique, culturel, politique et social. Au-delà du caractère démesurément idéaliste et utopique, le droit cosmopolitique ne peut être effectif qu'adossé à des forces incarnées par l'État. L'articulation du système juridique et du système économique mondial à l'État, est la réalisation de la constitution politique la plus parfaite que souhaite Kant. La problématique du cosmopolitisme juridique et économique se pose en termes d'intelligibilité de ce projet de constitution universelle, car elle interroge la capacité normalisatrice de la loi à faire coexister la liberté de chacun avec celle des autres.

I - Le cosmopolitisme et la normativité juridique

La condition civilisée de l'homme s'élabore dans un processus de sécularisation du politique et de la société. L'accomplissement de ce projet répond au désir permanent du bien-être et du devenir de la société mondiale. L'institution d'une constitution conforme au droit et à la Raison ne peut se faire si elle n'implique pas l'être social comme catégorie réflexive sur la dimension économique de la paix et de la justice. La crise ontologico-juridique du social longtemps décryptée par Kant s'inscrit dans l'avènement d'un ordre juridique et économique nouveau et exige impérativement de la crise civilisationnelle, une réponse politique. C'est dans ce contexte que le concept de cosmopolitisme prend tout son sens comme la recherche permanente d'une universalité anthropologique qui, comprend désormais que l'existence humaine est irréductible à la seule rationalité des modèles

---

[225] Alain RENAULT, Op.cit., p.456.

mécanistes et économiques. Ce cosmopolitisme porte en lui, le vivant et se situe au cœur de ce vivant dans sa multidimensionalité à la fois moral, culturel, politique, social spirituel, etc., et donc, pose la nécessité d'une politique sociale et juridique stabilisante.

L'humanisme pratique de Kant est la trame du lien communautaire qu'il tente de traduire dans la constitution d'un gouvernement mondial même s'il porte en lui les scories d'une idéalité utopique. C'est une communauté éthique et politique dont la substance normative est le droit. Par le biais du cosmopolitisme, Kant en montre le lien originaire à la liberté publique, qui n'est effective que dans la société politique. « Par son côté public, c'est-à-dire politique, la liberté extérieure reste strictement une liberté de droit, s'exerçant dans l'obéissance à la loi de contrainte publique à laquelle, en tant que citoyen, on a librement donné son assentiment… »[226]. L'exigence d'une plus grande liberté pour tous les citoyens du monde doit se réaliser par la disposition morale de l'humanité conforme au sens progressif de l'histoire. Cette liberté inconditionnelle qui répond au devoir-être de l'humanité doit se manifester partout dans le monde dit libre. Le travail ouvert par cette problématique d'une structuration pacifique du monde, fera voir « au terme que la question de la liberté comporte une face politique, de dimension mondiale »[227]. C'est donc une philosophie cosmique qui place l'homme dans une démarche rationnelle, face aux exigences de la liberté et la construction d'un ordre politique et social ou système politique mondial, selon la rigueur de la physique newtonienne. Sur ce, la liberté et la constitution deviennent des questions cosmiques.

Le droit est à situer comme une autre dynamique, organisant, sur le même substrat (monde), ses catégories normalisatrices de la société humaine, c'est-à-dire la justice, la démocratie, la constitution (loi fondamentale), etc. La philosophie politique de Kant est celle d'un monde assurant la liberté pour tous et pour chacun. Le contexte où se pose le sens ontologico-politique de l'homme est celui qui consiste à « donner réalité à un homme qui soit citoyen du monde »[228]. Cette idée d'un citoyen ouvert au monde est présente dans la philosophie de Rousseau. *Emile ou de l'Education* (1978)[229], un manifeste de l'éducation citoyenne, est un renouveau radical de l'éducation qui, s'annonce comme nécessité politique et morale de l'intégration sociale et de l'institution démocratique. Le cosmopolitisme kantien est « un citoyen du monde qu'il

---

226 Pierre NZINZIN « L'état de paix : un mythe pratique ? » in Revue africaine de politique internationale, n° 27/28 Avril-Octobre 1997, p.7.

227 François Marty « Le concept cosmique de la philosophie. Recherche sur l'idée de monde chez Kant » in *Les cahiers de philosophie*. Le monde. De la phénoménologie à la politique, 15/16, Hiver 1992/1993, p.14.

228 Idem, p.25.

229 Henri WALLON disait, dans l'œuvre et dans l'existence de J.J Rousseau, *l'Émile* tient une place centrale. C'est l'exposé le plus complet et le plus systématique qu'il ait donné de ses idées et celui aussi de ses écrits qui garde aujourd'hui encore un intérêt d'actualité pour les éducateurs, à qui il est destiné. (p.7.).

aboutira à former, en développant en lui un sentiment moral, apte à lui donner un goût qui apprécie ce qui est juste, puisque ce sentiment est de même étoffe que les sensations de beauté et de noblesse ... [230]». Cette démarche est ce vers quoi Rousseau orientait *Émile* dans l'idéalité d'un citoyen paradigmatique. C'est à l'époque « des *considérations* que Kant a dit, dans une annotation, sa dette envers Rousseau, la découverte du primat de la liberté, présente en l'homme, en sa conscience morale »[231]. Cette liberté chez Kant se déploie dans le monde de la rationalité politique comme l'horizon universel, commun d'un vivre-ensemble politique. La dimension politique de l'idée d'un monde systémique, symbole de l'unité de la multiplicité, est la réalisation de l'insociable sociabilité Kantienne. Elle appartient au registre de « la philosophie cosmique, puisqu'elle est comprise comme aptitude d'un être raisonnable à des fins quelconque en général »[232]. Ce cosmopolitisme d'une fin humaine où se rencontre les libertés, n'occulte pas cependant les inégalités sociales qui rendent fragile cette organisation ou ce nouveau pacte social.

Cela appelle « la formation de la société civile, dont l'État est le garant. C'est parce que les mêmes inégalités se reproduisent entre les États qu'est nécessaire un tout cosmopolitique »[233], c'est-à-dire un système de tous les États où la cohésion sociale serait possible par la « citoyenneté du monde »[234] envisagée sous deux catégories normalisatrices : l'une le droit, l'autre le pragmatisme. Les droits naturels formaient le fer de lance du rationalisme. L'aspiration générale à la paix et à l'ordre renforce la conviction d'Emmanuel Kant à penser qu' « un monde constitué de républiques ouvrirait à l'humanité une ère de paix »[235]. Le droit qui a une fonction organisationnelle se manifeste sous forme de droit privé, droit public et de droit cosmopolitique. Son rôle est de « régler les conflits au niveau des rapports entre individus, au niveau des rapports qui constituent un groupe social, au niveau des rapports entre États. Ce troisième niveau est qualifié de cosmopolitique »[236]. Cependant, bien que l'idée des droits, sous sa forme cosmopolitique se soit révélé une forme d'institution et de représentation du corps social, « le caractère abstrait de la doctrine inhibait la capacité de l'homme à tirer parti de l'expérience accumulée par l'espèce »[237]. C'est Karl Marx qui inaugure la critique du social sous fond d' « une conception radicalement différente de ce que l'on entend par un droit »[238] contrairement au positivisme juridique esquissé par

[230] François Marty, Art.cit., p.26.
[231] Ibidem.
[232] Ibidem.
[233] Idem, p.27.
[234] Ibidem.
[235] Kenneth Minogue « Historique de la notion de Droits de l'homme » in Walter LAQUEUR et Barry RUBIN, Op.cit., p.17.
[236] François Marty, Art.cit., p.27-28.
[237] Kenneth Minogue « Historique de la notion de Droits de l'homme » in Walter LAQUEUR et Barry RUBIN, Op.cit., p.18.
[238] Ibidem.

Kant, Hegel et approfondit par Kelsen. L'universalité du droit, selon Marx ne sert qu'à légitimer les inégalités universellement répandues dans la société moderne.

Il examine la signification des droits comme les conséquences systémiques de la loi d'accumulation du capital, c'est-à-dire les conditions normatives et juridiques de la société-entreprise ou de la société industrielle moderne. Si chez Kant, le droit cosmopolitique qui règle les interactions entre les hommes et les États, est un dispositif qui garantit la légitimité de l'État cosmopolite, Marx quant à lui pense que « ce n'était pas la possession de droits purement formel qui devait caractériser l'appartenance à la communauté des hommes, mais ce dont les citoyens avaient la jouissance effective »[239]. Ce pragmatisme juridique qui fait défaut à l'épreuve de la réalité sociale bourgeoise, montre que la signification de la citoyenneté doit s'inscrire dans une perspective ontologique et axiologique pour mieux percevoir, l'essence d'une socialité en quête de liberté et d'humanité. C'est dans ce sens que, chez Kant :

> Le tout cosmopolitique va donc [être] l'irréalisable, l'histoire qui nous sépare de Kant le confirme largement. Il est pourtant marqué dans la nature de l'homme, et l'*Anthropologie*, quand elle le rappelle, qualifie cet inaccessible de régulateur, bonne façon d'exprimer son statut utopique. La visée pragmatique est [...] la connaissance du monde qui se borne aux choses [...] Ce qualificatif, en effet, qui signifie ce que l'homme comme agent libre peut et doit faire de lui-même, ne convient qu'à une connaissance de l'homme, et très précisément comme citoyen du monde[240].

Sur ce point de vue on pourrait parler d'un rapprochement entre Kant et Marx sur la pensée du devenir de l'humanité. L'approche cosmopolitique du social est présente dans les deux philosophies. La première exige des conditions d'une paix sociale pour le citoyen où qu'il se trouve et la deuxième pense que le vrai citoyen est celui qui tire profit de son travail fait l'expérience d'une justice sociale. Cette connaissance du citoyen tient compte de ses besoins, de son environnement et de son histoire. Ici l'exercice de la connaissance de l'homme est une prédisposition de l'efficace juridique et politique, car « c'est la connaissance même de sa particularité qui appelle la reconnaissance de l'homme comme citoyen du monde »[241]. Connaissance et reconnaissance sont les deux normes éthiques consubstantielles au pragmatisme juridique et social. En effet, la reconnaissance de la citoyenneté se vit dans les rapports de l'homme aux diversités humaines qui brisent les faux universels. Dans le cosmopolitisme de Kant, « le centre d'intérêt cesse d'être individuel »[242]. Quant à Rousseau, on peut retenir de son œuvre *Émile*

---

[239] Ibidem.

[240] François Marty, Art.cit., p.28.

[241] Ibidem.

[242] J.J. ROUSSEAU, *Émile ou de l'Éducation*, Paris, Éditions sociales, 1978, p.24.

ou de l'Éducation, une sorte d'anticipation sur le principe de l'enseignement polytechnique préconisé par cette formule saisissante « il devient philosophe et croit n'être qu'un ouvrier »[243]. Il y a, chez Rousseau, le souci de mettre l'enfant en « rapport direct avec l'objet à transformer ou à manipuler et en tout cas de lui faire inventer et construire lui-même ses premiers instruments »[244]. Rousseau a pour idéal « de former une tête qui raisonne »[245]. Ainsi « abus d'affectivité et abus de raisonnement vont souvent de pair »[246]. C'est dire que la même « progression de l'abstrait et le rationnel doit s'observer dans l'évolution proprement intellectuelle ». Pour lui c'est par « la voie intellectuelle et rationnelle des abstractions où s'élabore la connaissance des choses que l'esprit arrive à l'idée de l'Être… »[247]. Le rationalisme de Rousseau s'est heurté à « la difficulté d'intégrer Dieu à la science, de la faire entrer dans le domaine d'un rationalisme spéculatif »[248]. La pédagogie de Rousseau est citoyenne, car « le but de l'éducation, c'est de préparer l'enfant à vivre dans la société, quelque chance qu'ait celle-ci de le corrompre, car c'est la une nécessité pour la nature de l'homme »[249]. Mais cette sociabilité se trouve dans la nature sentimentale de l'homme. « …tant que sa sensibilité reste bornée à son individu, il n'y a rien de moral dans ces actions ; ce n'est que quand elle commence à s'étendre hors de lui, qu'il prend d'abord les sentiments, ensuite les notions du bien et du mal, qui le constituent véritablement homme et partie inhérente de son espèce »[250]. Par conséquent, « c'est la faiblesse de l'homme qui le rend sociable ; ce sont nos misères communes qui portent nos cœurs à l'humanité. Tout attachement est signe d'insuffisance : si chacun de nous n'avait nul besoin des autres, il ne songerait guère à s'unir à eux »[251]. Cette communication de l'amour-propre est constitutive d'un projet cosmopolitique de la justice à la fois éthique, intégratrice et sociale.

C'est pourquoi, dit Rousseau « étendons l'amour-propre sur les autres êtres, nous le transformons en vertu, et il n'y a point de cœur d'homme dans lequel cette vertu n'ait sa racine. Moins l'objet de nos soins tient immédiatement à nous-mêmes, moins l'illusion de l'intérêt particulier est à craindre ; plus on généralise cet intérêt, plus on devient équitable ; et l'amour du genre humain n'est autre chose en nous que l'amour de la justice »[252]. Nous nous attachons à « nos semblables moins par le sentiment de leur plaisir que

---

[243] Idem, p.25.
[244] Ibidem.
[245] Idem, p.20.
[246]Ibidem.
[247] Idem, p.21.
[248]Ibidem.
[249] Idem, p.25.
[250] Idem, p.32.
[251] Idem, p.180.
[252] Idem, p.187.

par celui de leurs peines ; car nous y voyons bien mieux l'identité de notre nature et les garants de leur attachement pour nous »[253]. L'identification de l'amour-propre à l'amour du genre humain est une négation de la négation, c'est-à-dire la dissolution de l'ego dans l'universel comme valeur anthropologique socialisante. La dialectique de l'amour comme soubassement de la moralité constitutive de notre humanité, fait que « la vertu est le produit d'une généralisation qui transcende toute considération individuelle et qui rappelle, en même temps que le contrat social, le précepte de Kant de vérifier toute notion morale en lui supposant une application universelle »,[254] s'inscrit dans les sillons tracés par la pensée de Rousseau. Kant a reconnu cette influence de Rousseau sur sa pensée. Ce qui montre la convergence entre Rousseau et Kant sur le cosmopolitisme juridique et politique. La philosophie de Rousseau et celle de Kant représentent toutes deux des projets de liberté, pensés du reste sous plusieurs autres modalités et rapports aussi bien théoriques que pratiques.

La coexistence des individus ou des États, prise comme liberté, impose aussi bien chez Rousseau que chez Kant une pratique de la liberté qui passe alors par la mise en scène du droit. Autrement dit, l'État civil fin en soi, à la différence de toute union ou contrat d'affaire pour lequel des individus ont contracté et qui pourrait exempter de principes susceptibles d'être bons ou mauvais, ne garantit cependant aucune forme d'équitabilité véritable. La libre pratique de la légalité ne peut se traduire entre forces de production et ceux qui détiennent les moyens de production.

Rousseau et Kant se situe dans le processus de parachèvement ou de la perfection de la phénoménalité républicaine, où l'exigence d'un État civil est désormais un impératif existentiel pour la communauté humaine. Cet État civil doit donc être composer et instaurer avec des êtres raisonnables (les citoyens), c'est-à-dire doué de volonté, en tant que faculté pratique. On découvre chez Rousseau et Kant des traits identiques sur l'humanisme juridique qui ne peut que garantir la stabilité du pacte et du lien social que par une confiance raisonnable au droit. L'ordre social est ainsi bâti sur le modèle de l'État civil, en tant qu'État de droit ou état juridique qui seul fait de tout individu un bon citoyen. Il repose donc sur trois principes constitutifs et organiques qu'on peut résumer chez ses deux philosophes comme suit : la liberté de chaque membre en tant qu'homme ; l'égalité de tous en tant que sujet ; l'indépendance de chacun en tant que citoyen. Selon Rousseau, « par sa sensibilité l'homme plonge dans la nature ; le besoin et l'intérêt l'amènent à la société ; la société exige de lui l'équité vis-à-vis d'autrui, la généralisation des principes moraux »[255]. Chez Kant, la conscience est la lumière du sujet, celle qui lui permet de contrôler, de juger ses propres actes.

---

[253] Idem, p.180.
[254]Idem, p.33.
[255] Ibidem.

Elle n'est donc pas poser en termes de conséquence. « Le premier de tous les soins est celui de soi-même [...] la conscience ne trompe jamais ; elle est le vrai guide de l'homme : elle est à l'âme ce que l'instinct est au corps »[256]. Chez Rousseau le concept de nature renvoie à une double application : « relatif à l'expérience, il signifie sa matière originelle et qui n'a pas encore été cultivée, voire dégradée par la civilisation. Relatif à la conscience, il désigne ce qu'il y a de plus spécifique dans l'homme [...] sa destinée ...»[257]. Rousseau disait « [...] je ne tire point mes règles des principes d'une haute philosophie, mais je les trouve au fond de mon cœur écrites par la nature en caractères ineffaçables »[258]. La similitude entre lui et Kant réside dans le fait qu' « il anticipe nettement ici sur la distinction de Kant entre Raison pure ou expérimentale-spéculative et Raison pratique, reflet de l'inaccessible chose en soi ; inaccessible comme l'est pour Rousseau l'auteur de toute chose [Dieu] »[259]. Les deux pensées portent la teinture de la téléologie pratique ou éthico-théologique. Une autre ressemblance avec la philosophie kantienne, c'est que « l'obéissance à la loi morale, donc connaissance, doit être accessible à tous, donc aux plus simples et aux plus ignorants des hommes »[260]. La coexistence du droit et de la morale est déterminante dans l'institution politique. Cette fédération juridique du politique et du moral, se trouve fondée, chez Kant, à « un niveau métajuridique, c'est-à-dire bien supérieur, mais où il n'est pas question de montrer que la règle est déduite d'une *Grundnorm* qui lui préexiste, en tant que norme suprême, telle que le contrat originaire ou la constitution républicaine qui en dérive dans le positivisme juridique [...] ; de telle sorte que le droit trouverait paradoxalement sa source dans une sorte de régression à l'infini, entrainée par le fait que la règle et le droit sont tous deux de nature juridique »[261]. Le droit de liberté est un devoir de paix qui s'établirait par la constitution supranationale comme lieu de formalisation de la paix et de la cohésion. Il est la manifestation de la dialectique positive de la raison comme moyen analytique pour faire advenir le règne d'un monde libre et souverain.

L'anthropologie pragmatique permet de scruter ce que l'homme, en tant qu'être peut et doit faire de lui-même tout en ayant conscience de sa responsabilité juridique et morale envers les autres. « La méta-juridicité désigne ici le lieu investi par une raison qui, inconditionnée, dans son usage pratique, s'affirme alors en toute autonomie. C'est elle qui, sous l'aspect interne de la morale, rend alors compte d'un quelconque hommage rendu au droit, principe fédérateur de niveau inférieur. C'est également la même Raison qui, du haut du trône du pouvoir moral législatif suprême va condamner la

---

256 Idem, p.195.
257 Idem, p.34.
258 Ibidem.
259 Idem, p.24.
260 Idem, p.34.
261 Pierre NZINZIN, Art.cit., p.10.

guerre comme voie de droit, et imposer, inversement, l'état de paix comme devoir immédiat »[262]. Le processus de pacification de l'humanité n'est rien d'autre que la phénoménalisation juridique et éthique de la liberté dans laquelle l'homme tente de s'arracher à la nature pour intégrer l'universalité cosmique.

II - La systématisation historico-juridique de la finalité humaine

La transformation criticiste de l'humanisme a conduit Kant à considérer l'histoire, comme une histoire de liberté transcendant les déterminations naturelles et sociale, alors que Marx y voyait plutôt le lieu de la lutte ou du conflit permanent. Pour Kant, l'individu-humain, est libre et historique, c'est-à-dire politique, sociale ou communautaire. Kant se contente de faire appel à l'introspection pour établir le fait empirique de la liberté et pose la liberté transcendantale comme indépendance vis-à-vis de la raison théorique, c'est-à-dire vis-à-vis de la nature elle-même.

> La philosophie qui a voulu et pu rendre discursivement compte de la liberté et qui culmine en Hegel en passant, entre autres, par Descartes et le même Kant, a dû finalement supprimer la notion classique de la morale, en ne voyant plus en celle-ci que les formes générales ou catégories, temporaires et spatialement limitées, de l'action libre des hommes qui créèrent l'histoire, quitte à admettre qu'à la fin de cette histoire ces formes, dans leur dernier avatar, prennent un caractère définitif, c'est-à-dire permanent et spatialement universel[263].

Cette difficulté d'une morale téléologique conditionne la liberté, est vite surmontée par Kant qui conçoit une téléologie humaine où la morale pratique fait respecter les lois d'origine purement humaine, sans pour autant perdre de leur autonomie intrinsèque.

Le sens de l'humanité kantienne n'est rien que l'œuvre d'une construction de soi par soi, donc historicité, c'est-à-dire l'arrachement à la nature. Dans la perspective d'un humanisme renouvelé cela revient à s'interroger sur ce que possède chaque peuple en termes de ce qui le détermine culturellement ou géographiquement, cette capacité proprement humaine de s'autogérer. C'est là :

> toute la différence qui sépare la philosophie critique de l'histoire et une métaphysique de l'histoire comme celle que construira Hegel et que reprendra à sa manière, c'est-à-dire incohérente Marx : de Kant à Hegel ou à Marx, le déplacement [...] résidera en ce que, désormais, ce sera non plus par la liberté, mais par la nécessité, par leur appartenance à un moment du devenir de l'Esprit ou par leur nature sociale, que les peuples se trouveront

---

[262] Ibidem.

[263] Alexandre KOJÈVE, *Kant*, Paris, Gallimard, 1973, p.31.

voués à incarner une déterminité particulière de l'historico-mondial et, sauf accident, comme l'on sait, les peuples ne pourront plus échapper à cette loi de l'histoire[264].

Cette histoire cosmopolite est un processus qui conduit inexorablement à la liberté et où l'individu et les peuples acquièrent leur autonomie par cet effort d'arrachement à l'assujettissement de la nature. La modalité pratique centrale qu'il nous livre est : l'éducation, c'est-à-dire la culture citoyenne dans laquelle le droit en tant que norme juridique universelle, joue un rôle primordial dans l'organisation de la communauté politique mondiale. Même si les contours de cette universalité restent flous, elle nous ouvre néanmoins des perspectives de constructions de différentes formes d'organisations sociétales conformes à l'évolution actuelle de l'humanité.

La nécessité pratique de construire une communauté humaine cosmopolite est motivée par l'établissement de lois universelles qui, rendent capable par là même, chaque individu d'être membre du corps social. Ce règne possible des fins, montre que la société mondiale peut devenir une réalité si chaque citoyen agit conformément à ce but. Dans l'établissement d'une constitution mondiale apte à garantir la cohésion entre les peuples, l'autonomie du droit est nécessaire et vécu comme puissance rationnelle structurelle, c'est-à-dire inscrite dans l'idée d'un progrès légal et équitable.

Le problème politique de la coexistence des libertés est le problème du droit comme problème de la paix civile. La science du droit est alors une science normative et générale des affaires humaines. L'accomplissement d'un progrès moral de l'humanité est consubstantiel au progrès légal puisque la réalisation historique de la coexistence pacifique des libertés, ne peut être pensée en faisant fi de la moralité. La problématique de l'institution cosmopolite de la paix invite à penser donc l'effectivité de cet état, non plus en termes de liberté instituant les conditionnalités politiques de cette paix, mais en termes de nécessité naturelle dans laquelle le droit serait à la fois l'expression de la « paix intérieure et extérieure »[265]. L'articulation du droit, de la morale et de l'intelligence humaine représentent des suppléments organiques de la constitution de la paix civile internationale.

L'engendrement de l'ordre social est tributaire de l'ordre juridique. Il consacre la société civile régentée par une autorité garant de cet ordre comme maître moral. C'est vraisemblablement à Kant lui-même qu'on doit de ne plus vraiment pouvoir comprendre aujourd'hui l'entière portée d'un tel énoncé qui occulte la scission qu'il institue entre droit positif et droit philosophique[266],

---

264 Alain RENAULT, Op.cit., p.351.

265 Idem, p.355-356.

266 L'ensemble conceptuel des lois pour lesquelles une législation extérieure est possible, s'appelle doctrine du droit (jus). Si une telle législation est réelle, elle correspond à la doctrine du droit positif, et celui qui s'y connaît en matière de droit positif ou qui est savant en droit (jurisconsultus) se nomme expert en droit (jurisperitus), s'il connaît les lois extérieures aussi

aussi bien que de la séparation épistémologique qui en découle entre la jurisprudence (ou science du droit), considérée comme la science empirique du phénomène juridique , le droit positif ou historique et la philosophie du droit, considérée comme une branche de la métaphysique, celle qui traite métaphysiquement des mœurs et plus particulièrement des usages extérieurs de la liberté, c'est-à-dire la doctrine transcendantale du droit ou système du droit rationnel.

Philosophiquement, on voit mal comment l'histoire de l'humanité telle que la conçoit Kant, « pourrait à la fois obéir à un plan, se dérouler rationnellement selon la nécessité des lois, et constituer aussi un champ neutre ouvert à la liberté militante de la raison pratique : que le progrès vers la paix civile soit nécessaire ou mécanique jusqu'à un certain point (= jusqu'à la naissance de la paix civile) et qu'au-delà de ce point, pour que cette paix se maintienne, il faille agir, cela aurait à vrai dire aussi peu de sens que se soutenir, comme chez Marx, que les lois de l'histoire se déploient avec une nécessité de fer [...] et d'appeler en même temps, pour l'accomplissement du grand saut révolutionnaire, au militantisme et à l'activisme des exploités »[267]. Cette approche de l'histoire est un idéalisme moral, car elle affirme la rationalité du réel comme va le faire plus tard Hegel et compromet ainsi toute possibilité de l'agir libre des hommes. Ce qui transforme l'impératif catégorique kantien en un impératif humanitaire, est cet effort toujours constant dans la philosophie politique de Kant, de faire coexister la morale et le droit, et transcender, au nom des droits de l'homme et des libertés fondamentales, les lois des États dont la souveraineté se trouve fragilisée par la précarité et l'injustice sociales.

Le projet kantien d'une refondation éthique du développement humain trouve sa pertinence dans le règne des fins et, coïncide avec celui de la conciliation d'un droit qui prend sa source dans la raison pratique. Il faut la promotion de la coexistence des États au-delà de leurs divergences qui se laisse codifier, c'est-à-dire systématiser ou constituer par le droit public international, dans la paix et la liberté. La normalisation éthique et juridique de la société s'éprouvent dans l'expérience humaine comme être et devoir-être, du donné et de l'exigence éthique immanente à la raison. On parvient alors à viser le juste sans lequel s'écroule tout édifice politique et culturel. « C'est uniquement dans la mesure où elles [les lois morales] peuvent être considérées comme fondées a priori et comme nécessaire qu'elles ont valeur de loi. Mieux : les concepts et les jugements qui portent sur nous-mêmes et sur nos conduites n'ont aucune signification morales si leur contenu se réduit

---

d'une manière extérieure, c'est-à-dire dans leur application aux cas se présentant dans l'expérience : cette doctrine peut sans doute aussi devenir jurisprudence (jurisprudentia), mais sans la réunion des lois et de l'expérience, elle reste pure science du droit (jurisscientia). La dernière dénomination est celle qui revient à la connaissance systématique de la doctrine du droit naturel (jus naturae), bien que le jurisconsulte doive abandonner à celle-ci les principes immuables nécessaires à toute législation positive. Cf *Métaphysique des mœurs*, p.15

[267] Alain RENAULT, Op.cit., p.362.

à ce qu'il est possible d'apprendre de l'expérience »[268]. Si en théorie la loi pourvue d'une nécessité fondée en raison, paraît effectivement irréductible au fait, contingent en pratique, cette opposition ne tient vraiment plus, car le formalisme pratique n'est pas coupé ici du réel.

> La théorisation kantienne de ce qui correspondrait aux actuelles Nations Unies ne montre pas moins la réduction du fossé entre celles-ci en tant que fait et leurs sources idéales. En tout cas, l'O.N.U. en tant que réalisation historique du droit, semble bien confirmer l'idéalisme juridique kantien qui a alors tout le droit de se satisfaire de son pouvoir a priori ou d'anticipation, en constatant ici ce qu'il est advenu de la coexistence des États, sur les voies de droit dont l'objet la paix perpétuelle, en tant que principe régulateur, et non constitutif du droit politique, reste cependant inscrite dans un horizon idéal, définitivement[269].

La réconciliation de la théorie et de la pratique est analogue à cette capacité qu'à l'homme de surmonter la scission conflictuelle qu'on retrouve aussi bien dans la pensée comme interprétation de l'histoire, qu'en l'homme lui-même et dans la société. Du coup la constitution de cette unité juridique et politique universelles, permet d'aller à l'essentiel, c'est-à-dire au Bien comme *telos* de l'histoire.

L'humanité respectable en tant que fin, est pourtant aussi, en même temps, un moyen de la réalisation historique et sociale de l'humanité idéale. La téléologie de la loi morale chez Kant, n'est pas astreinte à l'observation des productions de la nature pour affirmer l'existence des fins, mais elle considère a priori un système des fins. Dans ce système on parvient à la fin suprême de l'humain dans l'Homme. Il n'y a que le sujet de toutes les fins possibles, c'est-à-dire l'être raisonnable qui se réalise en tant que fin en soi dans la pratique, l'universalité de son être comme liberté. La législation universelle qui détermine le sujet rationnel comme fin en soi est analogue à sa dignité dans ce qu'elle se mue en en soi-pour-soi. La liberté en tant que norme normalisatrice acquiert dans l'acte de la volonté, la capacité de transformer le monde futur. Ce monde futur était pour Kant transcendant et ne peut se réaliser dans le présent que par une morale impérative, c'est-à-dire a priori « censée être valable partout et toujours où un homme veut être humain, et ceci non pas à la fin de l'Histoire, mais dès son premier début »[270]. Le monde harmonieux que tente de construire Kant se fonde sur une morale sociale en tant que reconnaissance universelle de ce qui participe au bonheur de tous. L'agir humain implique une exemplarité de la citoyenneté mondiale. En effet, Kant admet l'Anthropologie judéo-chrétienne et la Liberté comme essence de l'homme sans toutefois subir la corruption d'un être résigné mais plutôt

---

[268] Emmanuel KANT, Op.cit., p.164.
[269] Pierre N'ZIZI, Art.cit., p.14.
[270] Alexandre KOJÈVE, Op.cit., p.32-33.

volontariste. Kant emprunte alors l'idée de l'humain qui se dégage de l'anthropologie scientifique et philosophique grecque ou antique.

> Être humain c'est me comporter de façon à pouvoir prendre conscience du fait que mon existence empirique (révélée par la Perception) est (absolument ou relativement) conforme à mon Essence (qui est aussi le Sens du mot « Moi » et qui est révélée à l'intérieur de la Perception [Aristote], soit en dehors d'elle [Platon] ; cette mienne Essence est la même que celle de tous les hommes (il n'y en a peut-être qu'une seule, son unité étant, d'ailleurs, un nombre nombrant et non l'unité nombrée) et elle ne varie pas au cours du temps ; si je constate une coïncidence (plus ou moins « parfaite ») entre cette Essence « universelle » et mon existence « personnelle », je suis (plus ou moins) satisfait ; étant satisfait par ce que je suis, je ne voudrai plus devenir autre et je resterai jusqu'à ma mort ce que je dois être partout et toujours, voire « nécessairement », à savoir une Existence conforme à mon Essence[271].

Le bonheur proportionné à notre essentialité est pro-vocatrice de notre citoyenneté, de la dignité propre à la personne humaine qui remplit tous ses devoirs. Kant pose comme conditionnalité à la satisfaction de notre dignité humaine, la conformité de l'action à l'édification d'un monde pacifique. On perçoit dans ce projet, l'idéal de cohérence ou de systématicité qui définit l'objectivité pratique, c'est-à-dire le souverain Bien. Autrement dit, un homme est digne d'être heureux si son Essence est le reflet de l'universalité, c'est-à-dire s'identifie au bonheur des autres. « La négation de la possibilité de la satisfaction humaine ne peut être démontrée de façon discursive, car elle présuppose l'inefficacité absolue de l'Action humaine, c'est-à-dire son incapacité de transformer le Monde qui, dans son état actuel, ne satisfait pas l'Homme en un Monde susceptible de la satisfaire un jour »[272]. Le risque phénoménal de l'agir de notre existence éthico-sociale, juridique, rend hypothétique l'idée d'une condition humaine bienheureuse.

Cette condition humaine ne peut être garantie que par l'élément constitutif de la dignité prise dans le conflit entre Liberté et Nature[273]. L'unification du monde céleste, de la perfection et de l'éternité avec le monde du changement et de la corruption, est rendue possible par le cosmopolitisme juridique et normatif de Kant sous l'idéalité de l'identité d'un seul Univers, présidé par un gouvernement mondial. Il n'y a eu au demeurant là rien de très nouveau : ce thème est un leitmotiv de l'idéalisme allemand postkantien, qui est le décor sur fond duquel se joue la querelle des Écoles historique et philosophique. Chercher la vraie philosophie dans la science du droit, inventer une science du droit qui sera véritablement philosophique, ce n'est pour Marx que formuler

---

271 Ibidem.

272 Idem, p.38.

273 La nature est une donnée, c'est-à-dire définie ou finie, sa négation ne peut pas se prolonger indéfiniment. Un jour viendra donc où l'Homme aura nié tout ce qui est naturel en lui. C'est alors qu'il créera l'État universel et homogène. Alexandre Kojève, Op.cit., p. 37.

dans les termes d'un étudiant en droit le projet philosophique d'une théorie de la justice qui soit immanente au phénomène juridique lui-même[274], et qui puisse par conséquent réaliser la critique interne du droit[275]. Cette unité du droit et de la justice, de la norme et des valeurs qui la légitiment, ou encore la critique des conceptions transcendantes de la justice, est le point de départ de la démarche de Nicos Poulantzas qui se réclame explicitement de Marx. Dans son œuvre, *La nature des choses et le droit, 1965*, l'auteur cherche à penser dans leur unité génétique et structurelle, les concepts et les normes du droit, tout en réfléchissant sur la possibilité de leur réalisation organique. La crise de représentation du lien social ne saurait être résorbée par les fondements d'un républicanisme abstrait. Cette référence politique fonctionne négativement du point de vue juridique, car le droit est inféodé à l'économie.

Pour surmonter cette antinomie ontologique de l'existence, source de guerre et de conflit, Kant croit en l'effectivité d'un ordre social stable qui doit plutôt être recherchée dans la force discursive de la raison. La cosmologie kantienne est celle d'un homme libéré de l'empirique, du désordre, du non-sens, du paradoxe, pour qu'advienne le rationnel, pour que l'être s'inscrive dans des rapports et que prenne sens un monde universel et bienheureux. Dans ce contexte, le droit a une double fonction disciplinaire : l'une est celle d'instituer une vie raisonnable comme finalité de l'Histoire, l'autre est celle d'une morale considérée comme une valeur cosmique qui maintient sa stabilité politique.

L'auto-institution démocratique du social prend des trajectoires différentes, même si elle se manifeste sous la forme unanime d'une critique sociale de la modernité politique. Selon Savigny, historique (droit historique) signifie à la fois empirique ou a posteriori, et manifesté par des documents écrits. « Le droit historique s'oppose ainsi au droit primitif qui ne se manifeste pas à travers de tels documents susceptibles d'un examen scientifique critique, et au droit naturel ou philosophique qui est selon cet auteur soit une construction arbitraire de l'esprit, soit un nombre limité de préceptes moraux qui se confondent avec les grandes lignes de la morale chrétienne et restent extérieurs au droit dans l'École du Droit historique »[276]. Ce droit historique est l'histoire de l'humanité prise dans son sens et sa direction, les deux pris dans leur totalité doivent permettre de savoir le contenu substantiel de cette histoire, car il est impossible pour Hegel comme pour Marx, d'en anticiper la forme concrète. Il se dégage chez les deux, la possibilité de construire un ordre social dans l'histoire de la pensée où s'entrecroisent chez l'un la

---

[274] Sur la notion de critique interne chez Marx, on consultera Emmanuel Renault, *Marx et l'idée de critique*, Paris, PUF, 1995.

[275] La perspective de cette critique est la planification politique des rapports entre les libertés individuelles en vue de l'avènement irrésistible d'un droit cosmopolite. Ce droit correspond à un état de paix perpétuel entre les nations.

[276] Jean-François KERVÉGAN et Heinz MOHAUPT (dir), *Le droit entre nature et histoire,* Cergy-pontoise. Frankfort a.M. V Klostermann, 1997, p.124.

métaphysique, la théologie, le droit et la politique et, chez l'autre, le matérialisme, la praxis et l'être générique. Ainsi la cité juste est un modèle que l'on peut faire varier pour encore engendrer d'autres formes de cités. C'est dans ce sens que le *politicos* idéal devrait selon Kant, Hegel et Marx être un sage.

La pensée politique du XVIIIe siècle qui cherchait à déduire d'une nature humaine en recourant au sensualisme, selon Koyré, a trouvé un homme abstrait. « Il n'y a de vérité qu'à propos d'objets idéaux que la raison sait construire, il ne peut y avoir d'homme vrai que défini dans un monde idéal, le monde des droits et des devoirs qui n'a, en effet, plus rien de naturel. C'est en construisant une société humaine vraie, donc une société d'individus abstraits égaux, [...] et régis par les lois qu'ils ont eux-mêmes établies, que les hommes peuvent être libres »[277]. La démocratie est, par construction formelle. Et l'État y développe la nouvelle forme d'organisation rationnelle de la liberté. Cette opposition ou rupture entre la réalité sociale et la forme de l'État ne peut être surmontée chez Marx, que par la praxis révolutionnaire en vue de la réalisation d'une société vraiment humaine dans un État social. Marx opère alors une coupure épistémologique en 1845.

Le rejet de la métaphysique transcendantale ne s'adosse pas seulement à l'œuvre de Hegel, mais encore à celle de l'École historique, particulièrement de Savigny qui prétend elle aussi s'écarter d'une approche métaphysique du droit, en donnant une vigueur et une signification nouvelle à l'expression « la jurisprudence est la vraie philosophie ». De ce constat on peut interpréter la pensée du jeune Marx comme inscrite dans une tension extrême entre ces deux pôles de la critique de l'idéalisme transcendantal que sont la philosophie spéculative du droit qui, trouve sa forme achevée dans *Principes de la philosophie du droit* de Hegel, l'ouvrage de référence de l'École philosophique, particulièrement de Edouard Gans, et le renouveau de la science du droit historique qu'incarne l'œuvre de Savigny. L'appréciation matérialiste de l'histoire est « la véritable erreur de Marx [...] en effet l'homme n'est pas seulement le produit de conditions économiques et qu'il n'est pas possible de le guérir uniquement de l'extérieur, en créant des conditions économiques favorables »[278]. Cette discipline immanente de l'âme et de la société a été entreprise par Platon sous la catégorie normative de la justice en soi et poursuivie par Aristote sous la modalité de la vertu comme qualité politique de sociabilité et, a enfin connu son point culminant avec successivement Hegel et Kant dans le sujet-rationnel.

Les travaux du jeune Marx sont une tentative sérieuse sur le droit où il reconnaît que la jurisprudence est la vraie philosophie. Mais en conférant au mot philosophie son sens moderne, c'est-à-dire critique, d'une théorie de la

---

[277]Gérard JORLAND, *La science dans la philosophie. Les recherches épistémologiques d'Alexandre Koyré*, Paris, Gallimard, 1981, p.17.

[278] René MOURIAUX, *La dialectique d'Héraclite à Marx*, Paris, Syllepse, 2010, p.189.

justice à la fois comme la fondation et les principes du jugement en légitimité du droit empirique, ce que Hegel appelle une justification véritable[279]. La science du droit est une science normative et générale des affaires humaines[280]. Pour les juristes allemand de l'École historique, la science du droit est un discours de vérité qui combine, ou plus exactement qui identifie la description scientifique des faits sur le modèle des sciences modernes de la nature et la prise en charge normative du devoir-être qui règle l'agir humain[281]. Aujourd'hui, on s'aperçoit de la portée d'une thèse qui fait du discours juridique à la fois la science globale des sociétés humaines et le savoir relatif à ce qui est juste, qui produit dans un même mouvement la connaissance objective des rapports entre les hommes et l'élaboration systématique des critères de légitimité auxquels se doivent de satisfaire les règles de droit existantes.

Ces difficultés d'audition ont un rapport épistémique à voir avec la postérité de l'œuvre de Kant, dont on sait qu'il distingue peut être le premier à faire avec autant de rigueur la description de ce qui est (les phénomènes juridiques, ramenés aux règles du droit positif en vigueur) et la construction du devoir-être (les principes de la doctrine du droit). L'ambition du très jeune Marx est de surmonter cette division des règles et des principes de justice, de la réalité du droit et de son idéal métaphysique. Cet intérêt tôt manifesté pour le droit se traduit dans cette lettre que le jeune Marx envoie à son père : « Il me fallait étudier le droit, mais je ressentais avant tout le désir de me mesurer avec la philosophie. Combinant les deux, je travaillais tantôt Heneccius, Thilbaut et les sources, sans le moindre esprit critique, en collégien, traduisant par exemple les deux premiers livres des Pandectes, tantôt je cherchais à faire passer une philosophie du droit à travers le domaine du droit. En guise d'introduction, je plaçais quelques propositions métaphysiques et menais ce malheureux opus jusqu'au droit public, travail de près de 300 feuilles d'impression »[282]. Les œuvres de jeunesse de Marx sont celles où il s'occupe systématiquement des problèmes touchant à la sphère juridique. Mais la fébrilité de la théorie marxiste du droit sera dépassée plus tard dans les œuvres

---

[279] Friedrich HEGEL, Op.cit., p.94.

[280] On a souvent présenté la pensée de Marx comme écartelée entre la description objective des rapports sociaux et la condamnation de leur nature capitaliste, faisant appel à des principes normatifs aporétiques. Dans la pensée de maturité, ces deux aspects sont certainement séparés ; pour Marx jeune (ou plus exactement très jeune), la science du droit est le lieu théorique de leur articulation.

[281] Depuis leur fondation moderne au XVIIe siècle, les sciences de la nature, physique et biologie, ont pu et peuvent encore prétendre assumer cette prise en charge. Aussi bien l'idéalisme allemand que l'École historique réfutent, de différente manière, une application directe des lois de la nature dans le monde de l'homme et constituent dans ce refus le champ épistémique de la science du droit comme science des phénomènes causés par un agent libre, ou science des actes humains.

[282] Lettre du 10 novembre 1837 à son père, appendice aux Œuvres (philosophie), M. Rubel, Paris, Gall) 1982, tome III, p.1372.

de maturité dont *la critique du droit politique hégélien (1975)*, où il s'aperçoit que la spéculation hégélienne sur l'épanouissement de l'individualité selon les principes égalitaires, était incompatible avec l'ordre social bureaucratique. Car il représentait la négation de la déontologie sociale, c'est-à-dire un monde hiérarchisé tendant à la castification sociale et, où l'on assiste au maintien du statut quo des pauvres ainsi que des riches.

La crise du droit et de l'État est systématisée dans la conception politique de l'anarchie. Selon Levinas, « l'anarchie touche à une strate beaucoup plus profonde, ante-politique ou plutôt au-delà du politique et au-delà de l'ontologie [...]. L'anarchie trouble l'être par-delà ces alternatives ordre/désordre. Elle arrête le jeu ontologique qui, précisément en tant que jeu, est conscience où l'être se perd et se retrouve et, ainsi s'éclaire »[283]. Cette anarchie loin de se constituer en principe dans le vrai sens des anarcho-marxistes est un désordre contre le système d'intégration et de d'insertion. Ce qui donne la possibilité d'une nouvelle institution du sociale. Elle est donc exclusion du droit et rejet de toute forme d'autorité. Dans ce sens la démocratie perd toute légitimité, car elle n'a pas valeur de solution à l'injustice sociale. Mais « la démocratie épouse dans son excès le mouvement infini de la liberté qui, selon Kant, peut dépasser toute limite assignée »[284]. La déconstruction de la subjectivité qu'inaugure Kant se solde simultanément par un éloge du droit qui devrait culminer dans une interrogation sur les droits de l'individu, accordant ainsi peu de place à la thématique politique de la puissance et du pouvoir.

La philosophie kantienne est systématique et non anecdotique, on peut légitimement considérer ces travaux du point de vue de leur apport à la science juridique et, surtout au positivisme juridique. Cette lecture éclaire le débat sur la justice chez Marx, dont on sait qu'il est vif en terres anglo-saxonnes. Le lieu théorique de cette dispute est la question de la propriété. L'institution de la propriété privée est la matrice du système capitaliste et permet de réactualiser de façon rigoureuse la polémique entre la bureaucratie et le communisme sur la perspective du dépérissement du droit et de l'État. Pasukanis pense les conditions de dépérissement des catégories juridiques après la révolution prolétarienne. Mais pour le juriste soviétique Pasukanis, la question n'est pas aussi simple car :

> On peut certes objecter à cela qu'un programme de production par exemple est également une norme de droit public, étant donné qu'elle procède du pouvoir d'État, qu'elle possède une force contraignante et qu'elle crée des droits et des obligations, etc. Certes, tant que la nouvelle société s'édifiera sur des éléments de l'ancienne société, c'est-à-dire à partir d'hommes qui conçoivent les liens sociaux seulement comme des moyens pour leurs fins privées, les simples directives techniques rationnelles revêtiront également la forme d'une

---

[283] Miguel ABENSOUR, Op.cit., p.189-190.
[284] Idem, p.186.

puissance étrangère à l'homme et située au-dessus de lui. L'homme politique sera encore un homme abstrait, artificiel [...]. Mais plus les rapports marchands et l'appât du gain seront radicalement supprimés de la sphère de la production, plus vite sonnera l'heure de cette libération définitive dont a parlé Marx[285].

Les difficultés théorique et pratique de la phase transitoire se situent au niveau de l'interaction des normes juridiques et des normes techniques dans le processus de socialisation de la production. En réduisant la régulation de la production étatisée aux normes techniques, Pasukanis n'arrive pas à écarter le risque de cette forme de production dans les rapports sociaux. Ce qui reproduit le despotisme d'usine en maintenant la séparation des forces de production d'avec les moyens de productions. Marx spécifie l'individu à travers le droit égal. Mais vue son analyse du rapport juridique, « Pasukanis ne peut traiter du droit public comme de la forme de réglementation politico-juridique des rapports sociaux qui en découle et permet de déterminer les droits et les obligations des individus par rapport à l'État, de définir ce qu'est l'homme politique de la société de transition »[286]. L'existence d'une sphère autonome par le maintien de l'État en tant que superstructure organisationnelle, représente toujours le lieu où peuvent se cristalliser des rapports de domination. Or tout pouvoir autonome tend à l'obtention de résultats particuliers. De ce fait, il enjoint aux individus d'agir d'une façon déterminée, tandis que d'autres ne sont pas soumis à la même exigence. L'intervention donc de l'État dans une phase transitoire, à la différence des règles de juste conduite, ne tend pas à la formation d'un ordre spontané mais visent des résultats spécifiques.

L'intervention implique qu'un certain processus se déroule de lui-même conformément à certains principes, parce que les éléments qui le composent opèrent selon certaines étapes. Autrement dit, l'intervention se définit par conséquent comme un acte de contrainte entrepris dans le but de parvenir à un résultat. L'existence d'une sphère autonome de conception ainsi conçue est toujours une action injuste dans laquelle les individus se trouvent contraints généralement au bénéfice d'un tiers et pour un objectif qui n'est les leurs. L'analyse de Pasukanis sur la transition politique et sociale à la suite de Marx et Lénine, montre qu'il est prisonnier de sa problématique sur la séparation de l'ordre technique et de l'ordre juridique dans le processus de socialisation de la production. En effet, les rapports sociaux ne sont pas de simples fonctions techniques de production, car « c'est bien le droit public qui est en jeu si l'on veut traiter des rapports de l'homme politique et de l'État dans cette société de transition [...] »[287]. Les rapports juridiques et les rapports économiques ont

---

[285] Pasukanis in Antoine ARTOUS, Op.cit., p.299.
[286] Ibidem.
[287] Ibidem.

aujourd'hui entraîné une profonde mutation dans le procès de la marchandise. « Les conditions de l'échange au sens classique sont niées [...], on ne peut plus dire que les choses se passent selon des procédures contractuelles mais qu'elles sont soumises à des statuts où se confondent définitions sociales et définitions politiques. Et les juristes savent bien que dans une problématique de ce type [...] domine une problématique de droit public »[288]. Le droit ne peut protéger les anticipations qu'en prohibant les empiètements sur la propriété de l'individu et normaliser les interactions humaines de sorte à garantir les règles de juste conduite. Ces règles protègent seulement des domaines matériels et non des valeurs marchandes. « La valeur qu'auront sur le marché les produits ou services de quelqu'un et, par conséquent, sa part du produit global dépendront toujours aussi des décisions que les autres personnes prennent à la lumière des possibilités changeantes venant à leur connaissance »[289]. L'individu a le droit de disposer à son gré de choses matérielles et de services définis, mais non pas ses espérances quant à leur valeur sur le marché, c'est-à-dire quant aux termes de l'échange de ces choses et services contre d'autres. Le processus d'adaptation du droit aux mutations socio-économiques mondiales, fait du capitalisme un système auto-organisé et d'anticipation sur le devenir de l'humanité.

L'histoire de la propriété privée se confond donc avec l'histoire du droit. Depuis Kant encore, c'est en effet le nœud qui lie le droit philosophique et le droit positif, dès lors que la possession juridique (le mien et le tien externe, ou encore la possibilité d'avoir des droits) est définie comme extériorisation de la liberté (ou autonomie de la volonté), le seul droit véritablement inné[290]. C'est dire que toutes les extériorisations de la liberté qui sont nécessaires à l'existence même de la personne sont des droits naturels, ou encore que la possession juridique se confond avec la notion de droit subjectif. Dans cette perspective, le droit de propriété considéré stricto sensu comme droit positif et absolu ayant pour objet une chose non libre est la pierre angulaire du droit civil[291]. Hegel accorde lui-aussi que la propriété est une institution fondamentale du droit abstrait équivalent spéculatif de ce que la romanistique appelle le droit civil, la sphère externe de la liberté de personne[292]. La liberté se constitue sur le mode de l'avoir, de la possession. Mais la précarité de cette possession exige une assurance et une sécurité juridique dont il use

---

288 Ibidem.
289 Friedrich HAYEK, Op.cit., p.148.
290 KANT Emmanuel, Op.cit., p.25.
291 Kant n'est pas le seul à conférer à la propriété le statut de paradigme de tous les droits civils. Ainsi Portalis, dont on sait qu'il est à la fois l'auteur de la formule faisant de la propriété « l'âme universelle de la législation » (Exposé des motifs du titre de la propriété) et d'un ouvrage entièrement dirigé contre les « faiseurs de systèmes » et plus précisément contre Kant, De l'usage et de l'abus de l'esprit philosophique durant le XVIIIe siècle, Paris (1820). Sur la centralité épistémique du droit de propriété au début du XIXe siècle, on consultera Donald Kelley et Bonnie Smith, *What was property ?*
292 Friedrich HEGEL, Op.cit., p.131-158.

légitimement pour satisfaire les besoins liés à sa survie. Le point d'achoppement entre Kant, Hegel et Marx est le contenu et le sens de l'humanisme des Lumières. L'idée de la structure sociale chère à l'anthropologie anglo-saxonne, débouche inéluctablement sur la construction d'un modèle social où la propriété est valorisée en tant que l'archée déterminant une société moderne démocratique. Cette propriété est, chez elle, une sphère extérieure pour sa liberté. Si d'une part, « une telle possession est objet de négociation et de contrat, comme, d'autre part, elle est intérieure et spirituelle, l'entendement peut être dans l'embarras pour la qualifier juridiquement, car il a toujours devant les yeux l'alternative qu'un objet est ou n'est pas une chose de même que quelque chose est ou n'est pas infini »[293]. Ici, la possession se voulant contrat dépasse les relations empiriques. Cette relation sociale ne peut se réduire au droit privé. En effet, le contrat définit la possibilité de l'injustice comme tout acte non conforme au cadre réglementaire équitable, peut conduire à l'effectivité d'une prospection d'un droit socialisant.

Le droit ne peut protéger que certaines anticipations et non toutes, ou ne peut écarter que certaines sources d'incertitudes sociales et non toutes, car « les règles de juste conduite peuvent seulement borner le champ des actions permises de telle sorte que les intentions des diverses personnes n'entrent pas en conflit, mais ne peuvent pas déterminer positivement quelles actions ces personnes doivent accomplir »[294]. La transcendance du droit privé qui définit l'homme à partir de ce qu'il a, et qui est la vérité de la propriété privé n'est qu'illusoirement celui de la liberté. À l'extériorisation de la liberté dans l'avoir, s'oppose logiquement l'intériorisation moraliste. « La personne a le droit de placer sa volonté en chaque chose, qui alors devient même et reçoit comme but substantiel qu'elle n'a pas en elle-même, comme destination et comme âme, ma volonté. C'est le droit d'appropriation de l'homme sur toutes choses »[295]. L'être pour soi et intérieur est la négation de cette extériorité qui, désormais relève de la subjectivité, c'est-à-dire le sujet libre en soi-même. Par suite « le particulier qui appartient à la sphère d'existence de sa liberté, n'est son objet que comme séparable et immédiatement différent d'elle, soit que ce caractère d'objectivité immédiate lui appartient essentiellement, soit qu'il le reçoive d'un acte de la volonté subjective »[296]. Grâce à Hegel, dans ce discours on s'aperçoit que Kant a introduit ou maintenu la notion de la chose-en-soi en vue de l'usage de la Raison orientée vers les fins les plus élevées.

Or c'est bien l'empirie que contredit cette liberté subjective, car la liberté est pour Kant nécessairement en contradiction ou en conflit avec la nature, de sorte que l'harmonie entre le devoir et la réalité que présuppose la satisfaction,

---

[293] Idem, p.89.

[294] Friedrich HAYEK, Op.cit., p.150.

[295] Friedrich HEGEL, Op.cit., p.90.

[296] Ibidem.

ne peut se faire qu'au-delà de ce monde naturel, c'est-à-dire spatio-temporel. La liberté transcendantale calquée substantiellement sur l'efficace d'une morale transformatrice, accélère le processus de la fin de l'histoire. Dans cette phase d'affirmation de la subjectivité rationnelle, le travail de la bourgeoisie pour perpétuer ses valeurs de liberté, d'égalité juridique et d'individualisme, renforce aujourd'hui davantage sa puissance financière et marchande. Selon Savigny la propriété est l'essence de l'institution, à savoir la propriété et la jouissance privée et exclusive d'un bien[297]. Plus généralement, sous son aspect économique comme politique, la fonction normative et structurelle de la propriété forme une démarche cohérente du point de vue de la théorie politico-juridique de la bureaucratie, car le capitalisme demeure en dépit des difficultés conjoncturelles, le seul paradigme économique universel qui s'autorestructure selon les mutations sociales.

La critique radicale de l'humanisme communiste fondée sur une incompatibilité systémique des droits de l'homme et de la propriété privée, trouve sa légitimité dans les anticipations de Marx dans *le Manifeste du parti communiste (1848)*, sur les effets néfastes de la mondialisation que subit aujourd'hui l'humanité. « Le monde moderne radicalise le malheur de l'homme qui ne se reconnaît plus dans son monde »[298]. L'homme moderne a perdu ainsi son enracinement éthique et moral que tentent de lui redonner Kant et Hegel, car il vit la séparation d'avec la nature, c'est-à-dire cette scission ontologique se déploie dans la sphère politique et du coup, devient l'énigme de l'activité philosophique.

Les principes, les codifications et les valeurs ne permettent pas à l'individu d'être en concordance avec sa communauté politique. « [Hegel] commentateur de James Stuart Mill dans une œuvre malheureusement perdue et lecteur attentif d'Adam Smith, observe les effets de l'industrialisation sur la société civile et dans les *Principes de la philosophie du droit*, il propose une analyse qui aboutit (§245) à une contradiction. La société est la cause de l'apparition de la populace »[299]. Au-delà de ce qui peut représenter un motif de révolution comme l'a fait Marx, Hegel tente d'y apporter une solution rationnelle en plaçant sa confiance dans les capacités normatives et organisationnelles de la raison et l'intelligibilité du monde. Ce faisant, la liberté devient l'universalité du particulier et du collectif. Mais cette liberté

---

297 Propriété commune et jouissance commune est un aspect que présente les revenus de l'État. Propriété publique et jouissance privée est un mode de partage, le plus rare de tous. Il se rencontre dans l'ancien *ager pulicus* des Romains et dans les corporations modernes pour les biens dont la ville a la propriété et les citoyens la jouissance.
Propriété privée et jouissance privée sont subordonnées aux actes libres reconnus par le droit privé et aux lois de la nature extérieure. Cette forme universellement reproduite, est la seule dont s'occupe le droit privé. C'est la propriété considérée dans son essence et dont le principe absolu n'admet aucune limite de richesse ou de pauvreté.

298 René MOURIAUX, Op.cit., p.182.

299 Ibidem.

constitutive de notre être, plonge ses racines dans un processus de sécularisation où le phénomène juridique s'identifie au souci de l'homme de réaliser la paix sociale. Le droit positif donne ainsi à la quête de l'universalité sociétale, les ressources à l'humanité pour transcender les contradictions existentielles. La pleine réalisation de son être propre, représente pour l'homme, la prise de conscience de sa responsabilité en tant que sujet souverain.

III - Sécularisation et laïcisation du droit

On ne peut parler de l'évolution du droit que dans le cadre de la sécularisation. « La sécularisation est ce processus ambigu et polyvalent (ou polysignifiant) qui, d'un côté, considère religion et réalité terrestres tout à fait séparés l'un des autres et, de l'autre côté, atténue ou coupe le lien vital qui rattache la religion au divin pour l'engager entièrement sur les chemins mondains. Son résultat final est la diffusion de l'idée de la mort de Dieu. Prise dans ce sens indiqué, la sécularisation est un phénomène exclusivement moderne, strictement liée à une vision anthropocentrique du monde où la présence du divin s'estompe ou disparaît »[300]. En appliquant cette définition à l'évolution du système juridique moderne, on s'aperçoit que le droit naturel d'inspiration théologique, tente d'évacuer de son essence cette intuition divine pour retrouver son autonomie immanente.

Le droit séculier trouve son champ de prédilection et d'épanouissement dans l'aire de l'institution politique. Ce qui implique le renversement complet de la position traditionnelle du droit comme l'a fait Kelsen dans sa *théorie pure du droit*, où il expose le droit positif en tant que norme organisationnelle de l'ordre juridique et constitutionnel.

> [Ce] renversement est la conséquence finale d'un processus théorétique, qui est historiquement passé par trois étapes. La première est marquée par la revendication de la pleine autonomie de la politique de toute fondation et limitation morale ou religieuse, ce qui amène à une insoutenable scission de l'homme, dénoncée par Rousseau et Hegel. La seconde étape est caractérisée par la négation de la distinction entre théorie et praxis, qui consacre la subsomption de celle-là en celle-ci : la praxis devient ainsi le souverain critère de la vérité. Enfin la troisième étape nous présente la réduction de toute praxis à la politique, qui apparaît la seule forme de praxis ayant un caractère général et totalisant[301].

La praxis dans ce sens devient la seule modalité de la vérité politique et sociale en tant qu'engagement dans l'action et connaissance-transformation de la société. La politique trouve sa légitimité en s'appropriant ce moyen de

---

[300] Sergio COTTA, Op.cit., p.67.
[301] Ibidem.

la gouvernance sociale qui, interprète le monde en le transformant comme nous venons de le dire. La politique prend ainsi sa place jusqu'ici occupée par la religion en le transformant de gré ou de force, religion séculière qui exclut la religion de la politique. L'espérance en un monde nouveau est du ressort du réalisme politique grâce à la transformation radicale des structures socio-politiques. C'est ce travail critique qu'a fait Marx pour éveiller une conscience populaire aliénée par la promesse d'un bonheur illusoire promis par la religion. Ce qui signifie que toute religion séculière implique le principe révolutionnaire. Par « principe révolutionnaire, il faut entendre l'axiome de la capacité de l'homme de renverser l'ordre du monde jusqu'ici connu et de rendre possible dès maintenant et ici-bas, sur la terre, l'eschaton libérateur sans que se produise la fin du monde »[302]. La responsabilité humaine est ainsi engagée en tant que valeur-active vitale et productrice de bien-être. Le principe révolutionnaire n'implique pas nécessairement la violence, mais il a une dimension normalisatrice manifeste, c'est-à-dire offre la possibilité d'une vraie démocratie.

> Le renversement total de la condition transmise par l'histoire est essentiel au principe révolutionnaire, le recours à la violence devient inévitable dès que l'on passe de la théorie à la pratique, sous peine d'épuiser la religion séculière. Car autrement tous les liens traditionnels formés par l'histoire, et incarnés dans les habitudes mentales, affectives et comportementales des hommes, ne sauraient être tranchés. Le changement du destin humain resterait tout au plus confié à l'évolution, qui n'a pas la capacité d'effectuer le renversement radical et immédiat exigé par l'esprit révolutionnaire[303].

Les révolutions sont les « locomotives de l'histoire »[304] qui accélèrent les transformations des conditions sociales et engendrent une nouvelle identité sociale des acteurs en présence, leur forme de représentions sociale et l'ordre politique dans lesquels devra désormais vivre la communauté humaine. Le principe révolutionnaire rime sans doute avec l'opposition dialectique, c'est-à-dire qu'il est impensable de révolutionner la société sans qu'il y ait affrontement et opposition. Pour Marx et Saint Simon, c'est :

> La société qui est responsable du mal et de la servitude humaine, l'individu ne pouvant rien soit contre l'obscurantisme théologal et métaphysique, soit contre la structure matérielle des rapports de production. Obscurantisme et structure sont en effet le produit du mouvement nécessaire de l'histoire qui se déroule selon la loi des trois états ou les lois du matérialisme historique. L'individu étant donc innocent, sa libération du mal, dont est atteint par une société mal

[302] Idem, p.68.
[303] Ibidem.
[304] Pierre DARDOT et Christian LAVAL, *Marx, prénom Karl*, Paris, Gallimard, 2012, p.262

organisée, ne pourra se réaliser que par la transformation radicale et scientifique de la société[305].

La finalité de la révolution est l'épanouissement total de l'individu et de la pleine satisfaction de ses besoins. La dynamique du droit positif consiste dans son affranchissement ontologique du droit naturel.

> Le rejet du droit naturel peut sembler moins net, dans la mesure où Perelman, désirant un droit construit sur les valeurs, reprend les principes généraux du droit, ainsi que les droits de l'homme. Mais il les conçoit à l'intérieur du système positif ; il procède à une sécularisation, à une intégration immanente de ce qui relevait auparavant d'une source transcendante. Fonder les droits de l'homme sur un absolu est une hypothèse en grande partie inutile pour lui, puisqu'au terme de siècles d'argumentations et de concrétisations à leur sujet, il existe bel et bien un accord largement partagé parmi les hommes et les femmes en société sur leur nécessité[306].

L'ordre juridique et social est systématisé en se renforçant dans un processus de démocratisation de l'espace public. L'exigence d'un ancrage démocratique et citoyen du droit permet de fournir une assise sociale et éthique à l'existence humaine. Ce qui développe dans la communauté universelle des êtres raisonnables, une synthèse où se mêlent des considérations politiques, socio-économiques, morales ainsi que la contribution des juristes et des législateurs pour faire de la sécurité juridique une réalité politique et communautaire.

Ce travail d'élaboration interpelle le philosophe dont la réflexion est par essence critique et interroge le droit sur sa réalité objective, sa construction en fonction de l'idée de vérité certaine ou probable. « À partir de premiers principes nécessaires et évidents, le philosophe est à même de nous faire participer, de quelque manière, à la vision divine des choses ; et l'on conçoit que les succès de cette vision rationnelle des choses, forme laïque de la révélation, nous dispensent, dans tout le champ de la connaissance traversée par l'intuition philosophique, de recourir aux techniques et aux incertitudes du droit »[307]. Penser le droit répond à cette double exigence de sécularisation et de laïcisation comme deux processus d'autonomisation de l'homme et le besoin ressenti d'une rationalité juridique. Il permet de déjouer la minorité dans laquelle l'absolutisme latent du rationalisme classique de Descartes et de Spinoza a placé l'homme, c'est-à-dire en faisant certes de lui un être rationnel sans pour autant reconnaître la souveraineté entière de sa volonté. En effet, constatons-nous :

---

305 Sergio COTTA, Op.cit., p.70.

306 Chaïm PERELMAN, *Éthique et droit*, 2e Édition, Bruxelles, Éditions de l'Université de Bruxelles, 2012, p.16.

307 Idem, p.438.

> Aussi bien dans la conception de Descartes que dans celle de Spinoza, il n'y a pour la volonté humaine qui cherche à éviter l'erreur et le mal, aucune possibilité d'un choix imparfait, mais raisonnable. Car un tel choix, qui n'est pas arbitraire mais guidé par des règles, présuppose l'exercice d'un pouvoir de décision à l'intérieur d'un cadre préalable. Or, cette double condition s'oppose aussi bien à l'idée d'une volonté parfaite, critère de toute norme, qu'à celle d'une raison parfaite, capable de déterminer la solution correcte de tous les problèmes, et éliminant donc toute possibilité d'un choix éclairé[308].

Le projet de la modernité était donc celui de l'espoir séculaire des rationalistes qui consistait à fonder la connaissance sur un roc épistémique solide capable de résister aux considérations les plus extravagantes des sceptiques. Le rigorisme scientifique en gestation préfigurait la construction des systèmes philosophiques inébranlables. La rationalité se présente comme le moyen le plus sûr pour parachever la systématisation du savoir en faisant entrer tous les domaines de la connaissance dans le champ de l'universel, en particulier celui du droit, de la justice, de l'État et de la démocratie. Cette force constructive dévolue à la raison a justifié la clarté et l'évidence du système formel où la solution n'émane du jugement que par la démonstration et le calcul. À partir de cette axiomatisation de la science, « certains rationalistes, comme Leibniz, ont voulu éliminer tout problème de jugement au profit des démonstrations et des calculs ; mais cela supposerait que le modèle mathématique peut toujours être substitué aux problèmes concrets posés par l'existence [...] Leibniz pensait que l'esprit humain est à l'esprit divin comme le fini et l'infini et que, puisque Dieu connaît immédiatement : des machines pourraient nous fournir le résultat pour lequel nous avons besoin aujourd'hui d'un juge ou d'un arbitre »[309]. L'universalisme de Leibniz représente en réalité l'écoulement d'un idéalisme épistémologique et magique qui, se heurte aux difficultés sur lesquelles le droit attire notre attention.

L'élaboration de la théorie du droit s'inscrit dans l'histoire de l'encyclopédisme philosophico-juridique; elle n'indique pas uniquement la situation de la réflexion philosophique sur le droit, mais indique surtout la dialectique du formalisme et du pragmatisme comme lieu où se manifeste la difficile réconciliation entre sécurité juridique et éthique du développement humain. La raison et la volonté en tant que facultés législatrices ne se présentent pas comme une dualité irréductible, l'une n'étant d'aucun secours à l'élaboration de l'autre, mais son effectivement en constante interaction. C'est de leur interaction que la constitution d'un ordre juridique est rendu possible par le droit. Kant insiste sur cette dimension intersubjective de l'expérience.

---

308 Idem, p.440-441.

309 Idem, p.445.

La réflexion kantienne sur le progrès du droit dans l'histoire se situe en une perspective esthétique. « [La révolution] est clairement l'objet d'une communication potentiellement universelle où l'on voit réapparaître les déterminations du jugement esthétique envisagé du point de vue de la quantité »[310] savoir que « dans tout jugement esthétique, le Beau (ici droit) est symbole du Bien : la légalité présente de façon incomplète (ce par quoi il s'agit d'une symbolisation) la moralité (de façon incomplète, puisqu'elle ne fait que la préparer), et c'est donc la disposition morale des spectateurs qui trouve une satisfaction indirecte dans un tel progrès du droit et qui suscite leur sympathie »[311]. En analysant le sens et la valeur des notions de beauté et de finalité, Kant tente d'introduire par-là des intermédiaires entre le monde de la nature soumis à la nécessité et le monde moral où règne la liberté. En ce sens, c'est avant tout comme :

> Objet d'une expérience esthétique que le droit (à travers ses progrès historiques) permet de penser un passage de la nature à la liberté. En premier lieu, chaque progrès de la légalité, qui se laisse penser à partir du dessein de la nature, fait signe, comme s'il était l'œuvre d'un mystérieux génie, vers l'Idée d'un système du droit (constitution républicaine, système de tous les États). En second lieu, l'ordre social le plus beau qu'il évoque (et qu'il contribue à engendrer) est lui-même, en tant que systématique, symbole de l'autonomie de la volonté qui définit le Bien moral, autrement dit la liberté[312].

La réflexion sur le Bien s'identifie à une réflexion kantienne sur le progrès du droit dans l'histoire. Le jugement esthétique qui en est fait ne se trouve pas plus dans la vie que dans la décision morale ou celui du fondement du savoir. Ce qui le distingue, c'est que la liberté s'y montre à l'individu, non pas dans ses rapports à la nature ou à la société, mais en lui-même.

Le principe de la réflexion esthétique contient en lui-même la notion de cohésion et celle d'autosuffisance, c'est-à-dire représente l'idée de système. Le droit est le centre de ce système et sa dimension de l'intersubjectivité qu'il revêt se réduit à celle de « la communication esthétique autour du plaisir procuré par les progrès historiques du droit »[313]. L'idée d'une constitution parfaite qui satisfasse le désir d'une vie communautaire de l'humanité, reste une obsession dans la vision du républicanisme et du cosmopolitisme de Kant. Or, ce n'est que quand il y a accord sur les valeurs que développe un système normatif, que l'on peut justifier les principes, qu'il est possible d'éliminer tout ce qui favoriserait ou défavoriserait arbitrairement les membres du corps social.

---

310 Alain RENAULT, Op.cit., p. 408.
311 Idem, p. 409.
312 Ibidem.
313 Idem, p. 410.

À ce sujet, la contribution d'Habermas sur la nécessité d'une discussion fondée sur l'intercompréhension prépare les conditions objectives du consensus. « Sans le lien unificateur d'une solidarité qui n'est soumise à aucune contrainte juridique, les citoyens ne se conçoivent pas comme participant à égalité de droits à la pratique commune qui permet que se forment l'opinion et la volonté, et dans laquelle ils se doivent réciproquement des raisons pour leur prises de positions politiques »[314]. Là où l'accord sur des valeurs permet le développement rationnel d'un système normatif, l'arbitraire consistera dans l'introduction des règles étrangères à la méthode de la communication intersubjective, c'est-à-dire au renoncement de la réciprocité et au de la différence mutuelle. Ce qui fragiliserait tout consensus constitutionnel. La crise contemporaine de la justice, du droit et de la démocratie qui caractérisent aussi bien les pays développés que les pays sous-développés, permettent de ne plus échafauder que des ontologies du phénomène juridique comme matrice universelle du maintien de la cohésion communautaire. L'institution du droit est une forme d'objectivation de l'esprit comme bien vivant et il assure une forme d'actualisation de la normativité pratique au sens moral. S'il est vrai que, au sein de :

> L'esprit objectif, la subjectivité se trouve sans cesse mesurée au droit du monde, tel qu'il s'exprime dans les institutions éthico-politiques et les ensembles normatifs liés à elles, et s'il est vrai qu'elle est d'une certaine manière réprimée par lui, il est vrai aussi que c'est grâce au travail historique de la raison objective déposée dans ces institutions, que c'est grâce à la raison qui est que la subjectivité, jusque dans ses revendications les plus extrêmes et les plus complaisantes envers soi, a pu se constituer en réalité efficace[315].

La subjectivité libre à l'égard de son monde s'inscrit dans l'histoire et cet esprit est la présupposition de l'esprit objectif. La liberté est ici celle d'un être particulier qui ne se rapporte qu'à lui-même. On comprend que le sujet de l'action conçoit l'objectivité comme l'extériorité d'un monde différent de lui au sein duquel il s'agit pour lui de réaliser ses fins. La progression de l'universel vers particulier est que dans l'ordre de la connaissance l'on commence avec l'objet dans la forme d'un universel. Ce qui a valeur dans l'ordre de la réalité qui est celle de la nature ou de l'esprit, à savoir que la singularité concrète, est donnée au connaître subjectif et naturel comme étant le premier, ne peut plus valoir dans l'ordre conceptuel.

Le terme sujet désigne ici la même chose que l'expression de sujet réel. La relation de possession n'existe pas indépendamment d'un tel sujet, dont elle constitue précisément la relation la plus simple. Mais, « ajoute Marx, le même type de sujet ou de concret peut être déjà parvenu au stade de la propriété, soit

---

314 Jürgen HABERMAS, Op.cit., p.195.

315 Jean-François KERVÉGAN « Le droit du monde. Sujets, normes et institutions » in et Gilles MARMASSE (dir), Op.cit., p.42.

à un stade supérieur à celui de la possession, ou bien n'en être encore qu'au stade de la possession »[316]. La question est de savoir si la relation de possession, en tant que relation juridique la plus simple, a existé « antérieurement à une relation plus complexe, comme par exemple celle de la propriété, ou encore, si l'argent a existé antérieurement au capital »[317]. L'existence historique de la possession se justifierait à partir des catégories simples et des catégories concrètes. Dans la société déjà parvenue au stade de la propriété :

> La relation apparaît comme le rapport le plus simple d'une organisation plus développée, donc comme un rapport subordonnée ; dans la société qui en est restée au stade de la possession, cette même relation apparaît au contraire comme rapport dominant d'une organisation moins développée. Ce qui vaut d'une relation juridique est simple peut être étendu à une catégorie économique aussi simple que l'argent : l'argent a pu exister historiquement comme rapport dominant d'une société encore peu développée avant d'exister comme rapport subordonné d'une société plus développée dans laquelle domine ce rapport social qu'est le capital [318].

Qu'il s'agisse du rapport dominant d'un tout moins développé ou du rapport subordonné d'un tout plus développé, « on présuppose toujours le substrat le plus concret »[319] dont ce rapport est précisément le reflet. La question de la relation de possession a trait une nouvelle fois à la présupposition effective, à la laquelle Marx nous renvoie jusque dans la manière dont il introduit sa référence à Hegel. Ce qui se dégage de cette phénoménologie de la relation droit et possession, est la manifestation de l'histoire en tant que liberté en acte ou primat de l'avenir. Cette exigence d'une organisation sociétale rationnelle et raisonnable chez Kant et Hegel, est ce que Marx nomme : la société communiste. Tant que dure l'histoire, « la satisfaction parfaite qui implique nécessairement le bonheur par ce qu'elle présuppose la reconnaissance universelle n'est donc qu'un Espoir et non une réalité susceptible d'être sue »[320]. La société juste s'idéalise en une téléologie utopique et associe à une certitude subjective ou collective la valeur de la foi, En effet, « le bonheur ou la joie de vivre que donne, dans certaines conditions établies juridiquement et moralement, la prise de conscience de soi qui n'est rien d'autre que le bonheur du sage antique et la reconnaissance de ce dont on prend conscience soi-même par tous ceux qui sont capables de le reconnaître en en prenant conscience qui est, si l'on veut, la forme laïcisée de la

---

[316] Pierre DARDOT et Christian LAVAL, Op.cit., p.357.

[317] Idem, p.356.

[318] Idem, p.357

[319] Ibidem.

[320] Alexandre KOJÈVE, Op.cit., p.37.

reconnaissance par Dieu »[321]. Or, la prise de conscience de soi ne peut procurer le bonheur que si ce dont on prend ainsi conscience soi-même est en même temps reconnu par tous. Le saut dans l'universel d'une humanité en quête d'harmonie, inspire le projet kantien d'un droit cosmopolitique à résonnance républicaine.

Cette philosophie politique est l'armature d'une philosophie du droit dans sa fonction ontologisante en tant que recherche permanente d'une vérité discursive du meilleur paradigme sociétal. « Kant croit pouvoir déduire de son commandement [juridico-] moral la notion d'un monde futur transcendant parce que la réalisation de sa morale dans ce monde qui équivaut à la satisfaction ou au bonheur dont on est digne lui paraît absolument, c'est-à-dire partout et toujours, impossible »[322]. La liberté transcendantale devient un mystère et traduit « l'origine théologique qui structure le discours éthique de Kant »[323]. On s'aperçoit qu'à la base de toute la philosophie kantienne il y a une attitude essentiellement et authentiquement religieuse, qui traduit non pas l'impatience d'être heureux, mais la conviction profonde que l'homme et la société dans laquelle il vit, ne peuvent en aucun cas faire l'objet d'une satisfaction réelle, c'est-à-dire d'un bonheur dont l'humanité est digne. L'action humaine même morale demeure rigoureusement inefficace, c'est-à-dire foncièrement incapable de transformer le monde. Cela est possible que par « la lutte et le travail de façon à le rendre conforme à l'homme et à ses projets librement conçus et exécutés, que si l'on admet, en d'autres termes, que le monde donné partout et toujours le même et empêchera toujours et partout l'homme de faire ce qu'il veut dans la mesure où ses désirs ne sont pas déterminés par ce monde lui-même »[324]. Le désir de vivre en dehors de toute causalité extérieure capable de perturber la paix intérieure comme la paix cosmopolitique, s'enracine chez Kant dans une autonomie subjective où se déploie le libre épanchement de la volonté.

La fin impliquée dans la loi morale est posée de façon inconditionnelle et inébranlable. Dans l'hypothèse d'une liberté de la volonté, chaque acte humain serait un miracle inexplicable, c'est-à-dire sans cause réelle. Mais quand il s'agit de normes régissant l'action, l'expérience ne suffit, ni pour indiquer quand, dans une situation donnée, ni comment il y a lieu de les traiter. « Une philosophie [du droit] qui se veut conforme aux démarches réelles de notre pensée, ne peut faire fi de toutes les contingences et déclarer qu'elle fera table rase de tout ce qui ne lui paraît pas absolument fondé »[325]. Cette absolutisation du droit subjectif s'explique par l'opposition des droits naturels

---

[321] Idem, p.36.
[322] Idem, p.39.
[323] Arthur SCHOPENHAUER, *Les deux problèmes fondamentaux de l'éthique (la liberté de la volonté et le fondement de la morale),* traduit de l'allemand par Christian Jaedick, Paris, Alive, 1998, p.26.
[324] Alexandre KOJÈVE, Op.cit., p.39.
[325] Chaïm PERELMAN, Op.cit., p.140.

et l'omnipotence législative ou politique du prince absolu dans laquelle ce droit trouve une fondation autonome vis-à-vis de la loi. Le droit subjectif devient un simple appendice, une articulation interne du droit positif, qui en détermine la sphère et les possibilités d'action et donc les conditions d'existence.

> Cette subordination-négation du droit répond à deux ordres de raisons. Premièrement, à une raison d'ordre épistémologique. Le juridique a été réduit au juridique positif étant niée de l'existence du juridique dit naturel, ce qui revient à dire qu'il n'y a pas de phénomène juridique en soi, mais est juridique seulement ce qui a été établi comme tel par la volonté législatrice de l'État ou de toute autre sorte de groupe social. Le droit subjectif se réclame de la nature, donc il n'est pas juridique en soi. Deuxièment, à une raison d'ordre logique. Il peut y avoir de droit sans une loi qui les énonce et les détermine, les rendant ainsi justiciables. Les prétendus droits individuels en dehors de la loi, ne sont qu'un idéal, une aspiration noble et compréhensible tant qu'on le voudra, mais n'entreront dans le domaine du juridique que grâce à la loi (s'il s'agit des droits publics grâce à la constitution), qui les a institués[326].

Au lieu de souscrire à la légitimité d'un doute universel, il faut plutôt en tant qu'être raisonnable, fournir des raisons qui justifient cette perspective antiabsolutiste. Qu'il s'agisse de droit ou de morale, c'est toujours d'une certaine tradition que l'on part, même si c'est pour la critiquer, c'est elle que l'on poursuit dans la mesure où c'est elle qui motive notre réflexion.

Dire qu'il existe un droit subjectif préexistant à la loi renvoie nécessairement à une primauté du sujet sur la société. « Le droit subjectif est un droit dérivé, qui a sa raison d'être et son essence que dans le droit objectif »[327]. La méfiance ou le refus de la société et de la culture libéral-capitaliste, marqué par le libre-échange et du droit de propriété nous explique éloquemment la déchéance du droit subjectif. Le devenir de l'humanité se joue à partir des catégories socialisantes et structurelles de la société future que décrivent aussi bien Kant, Hegel et Marx, chacun dans son tempérament philosophique comme un idéal social et politique qui, se dérobe à la force discursive de la raison en tant que sujet unitaire universel et au sujet collectif marxien, c'est-à-dire le prolétariat. L'histoire du droit se confond dans chaque civilisation au vécu, à la science, à la politique, à l'économie, à la religion et à la morale quand il s'agit de régler la conduite humaine dans l'esprit d'une coexistence intelligente. L'humanité poursuit l'ordre et la paix dans un ordre juridique qu'elle se représente au-delà des distorsions et des infractions qu'il subisse. La structure sociale doit refléter la dynamique d'un système juridique dans lequel les individus s'affirment comme des sujets autonomes et actifs de la gouvernance sociale.

---

[326] Sergio COTTA, Op.cit., p.22.

[327] Idem, p.23.

IV- Droit et construction systémique de la gouvernance sociale: le phénomène de la symbolique sociale

La société humaine a toujours fonctionné sous le registre d'une symbolisation, c'est-à-dire de l'universalité du sens et du sens de l'universalité. Par le symbole l'humanité s'est frayée un chemin progressiste sous l'influence de normes normalisatrices devenues actions libératrices mais souvent contraignantes pour l'humanité. La distinction cognitive de la société animale et de la société humaine établie par Marx, rompt certes avec l'analogie que voudrait établir les entomologistes entre ces deux sociétés, mais cette différence n'est pas totale, car la massification de l'homme et la fourmilière du totalitarisme, restent de nos jours persistantes. Une autre définition de l'homme contrairement à la définition aristotélicienne de l'homme « animal politique » s'est récemment imposée, plus globale par rapport à l'activité humaine, « plus spécifiante par rapport à la vie des autres animaux : celle qui présente l'homme comme animal symbolique mais il faudrait dire, plus exactement, animal symbolisant »[328]. C'est sur cette dernière identité politique que se dégage l'enjeu de la société panoptique et normalisatrice en tant qu'ensemble de codes structurant la vie sociétale, mais comme cadre organique de la systématisation d'une société disciplinaire, selon la symbolique de la prison[329] développée par Foucault, comme une nouvelle approche microphysique du pouvoir. Il s'agit de comprendre ici, le phénomène juridique dans la perspective de l'activité symbolisante de l'homme. Dans son ouvrage *psychologische typen*de 1921, qui traite amplement et explicitement de la question, Jung affirme que « l'essence du symbole consiste dans la représentation en soi et pour soi d'un état de fait, dont la totalité échappe à l'intellect, et à la signification éventuelle duquel on peut accéder uniquement par l'intuition »[330]. Cette approche du symbole est clarifiée par une autre définition du symbole comme « la formulation possible d'une donnée de fait relativement inconnue, mais dont l'existence est

---

328 Idem, p.53.

329 C'est une histoire de la prison qui est en même temps une microphysique du pouvoir. Elle annonce une nouvelle modalité de l'existence avec son livre (1975), *Surveiller et punir*. Il est le grand livre du pouvoir. Non pas un livre sur le pouvoir, encore moins une théorie du pouvoir, mais un livre qui va mettre, et pour longtemps, au cœur de la réflexion historique, politique, sociologique et philosophique la question du pouvoir. La méthode archéologique qui sous-tend ce livre, permet de mieux cerner la généalogie de la morale moderne au sens nietzschéen. La codification sociale ne vise plus les formations discursives, des épistémès, des évènements dans l'histoire des sciences, mais des objets plus institutionnels comme la prison au centre du livre, c'est-à-dire des formations disciplinaires telles que l'école, l'armée, l'atelier et, surtout le corps avec l'ensemble des équipements à travers lesquels on lui donne une âme. La prison devient ici le symbole même de la société moderne au sens de l'accomplissement de son rêve politique, la manifestation de son utopie. La normalisation caractérise l'économie du pouvoir des sociétés disciplinaires.

330 Sergio COTTA, Op.cit., p.54.

reconnue ou considérée nécessaire »[331]. Mais cette vision psychanalytique ne peut rendre intelligible notre analyse des fonctions sociale et politique du droit, puisqu'elle renvoie dos à dos les fonctions rationnelles et les fonctions sensorielles dans l'élaboration du symbole.

Nous pensons que la distance entre l'inconscient et le conscient serait une ligne de démarcation contraignante dans l'effet normalisateur du droit comme production consciente de la symbolique structurelle de la société, c'est-à-dire un code à l'instar du code de la route dont le non-respect expose à un danger, voire au risque de perdre sa vie.

Il y a donc une coexistence du point de vue ontologique et social entre « animal symbolique » et « animal rationnel ». Le droit serait-il la norme juridique symbolisant l'action libératrice ou de la liberté ? Cette question montre que « la nature du symbole et de la symbolisation nous apparaissent donc beaucoup plus complexe qu'on ne l'aurait cru tout d'abord »[332]. Dans la symbolisation, c'est toujours une doctrine purement abstraite et intellectuelle de nos représentations que nous esquissons. Mais ce qui reste totalement obscur, c'est la façon dont, partant de développement rationnel, nous aboutissons à l'universalité sur les symboles. On voit que l'imaginaire créateur de l'homme forme inconsciente de son activité, caractérise la représentation que le corps social qui existe en soi se fait de son être symbolique. Mais entre la réalité des symboles (symbolisme mathématique, juridique, linguistique, conceptuels, religieux, artistique et figuratifs), il y a un abîme difficile à combler. En effet, « la vérité n'appartient qu'au jugement, elle se résout donc finalement en relations purement idéelles, alors que le corps [social] doit signifier une substance absolue qui précède toutes les propriétés et toutes les relations »[333]. Les philosophes tant empiristes que rationalistes auxquels on pourrait adjoindre les juristes, n'ont voulu reconnaître qu'un modèle de raisonnement digne de l'intérêt du logicien, le raisonnement théorique et scientifique comme voie royale qui mène à une vérité discursive. Dans le contexte juridique, il s'agit dans le jugement ou le raisonnement d'arriver à une décision obligatoire pour un individu, un citoyen ou un groupe d'hommes.

La question des droits de l'homme, n'est pas une simple formalisation de ce que doit être ou doit faire l'homme en communauté, mais a pour effet cumulatif de retrouver en l'homme, cette humanité en partage qui l'inscrit dans cette universalité d'une vie présente en chaque individu. Et ce, abstraction faite à son appartenance à une race, à une religion, à une région ou même à un statut social. C'est au cœur de cette légitimation que se révèle ici

---

331 Ibidem.

332 Ibidem.

333 Ernest CASSIRER, *Le problème de la connaissance dans la philosophie et la science des temps modernes, TII, De Bacon à Kant*, traduit de l'allemand par René FRÉREUX, Paris, Éditions du Cerf, 2005, p.55.

la fonction première du discours. « Tout discours établi a pour fonction majeure, concomitante à son monopole de la représentation, de produire et de fixer des légitimités, des validations, des légalités, rendant alors manifeste la légitimation de certaines pratiques, de certains pouvoirs, de certains statuts »[334]. La socialisation du discours se décline au-delà de sa fonction majeure, un discours juridique, éducatif ; imbu d'une fonctionnalité normative permettant dans la dynamique de l'intersubjectivité, de rapprocher et de fraterniser les individus dans la communauté politique. Cette phénoménologie du discours philosophique est exposée par Abou Karamoko à la suite d'Habermas qui l'a conceptualisée sous les termes de l' « agir communicationnel ». On y perçoit la similitude dans l'interprétation de la fonction du discours entre ces deux auteurs contemporains qui pensent l'idée de légitimation et de représentation comme catégories cognitives d'une transmutation de la raison et sa fonction disciplinaire.

Habermas situe ce pouvoir du discours dans la délibération consensuelle. C'est pourquoi, malgré « la diversité des langages, de la variété des pratiques signifiantes, des styles et des opinions, il y a, dans tout état de société, des dominances interdiscursives, des manières de connaître, de dire ou de signifier ce qui est ou ce qui devrait l'être »[335]. Le pouvoir légitimant du discours perçu dans le langage juridique, transcende les clivages politiques et sociaux pour devenir ce que « Antonio Gramsci appelle hégémonie »[336]. Cette hégémonie prend le statut d'universalité en parlant précisément de la déclaration universelle des droits de l'homme. Elle subsume les particularités explosives en un bloc juridique consensuel et, a pour vocation de transformer l'insociabilité qui nous repousse les uns les autres, en une sociabilité productrice d'une communauté humaine civilisée.

Le langage implique un raisonnement dans lequel est libéré tout choix, idée ou même le silence pourrait s'interpréter comme le langage d'un choix. Mais le discours est coévolutif des mutations sociales qu'il soit économique, culturel ou politique. Cette fonction du discours ne peut pas être présentée comme conforme à une vérité intemporelle et impersonnelle, car dans ce cas, il n'y aurait ni possibilité de choix ni raisonnement pratique. « Le raisonnement pratique présuppose la possibilité de choix, de décisions, mais aussi que ceux-ci ne sont pas entièrement arbitraires, que tous les choix et toutes les décisions ne se valent pas. Il renvoie à une dialectique de l'ordre et de la liberté, la décision libre venant également se présenter comme conforme à un ordre ou à des valeurs qui permettent de la considérer comme opportune, légale, raisonnable »[337]. Cela exige dans l'évaluation de la vérité, des valeurs

---

334 Abou KARAMOKO, *Les enjeux du discours philosophique pour l'Afrique*, Paris, L'Harmattan, 2017, p.49.
335 Idem, p.48.
336 Ibidem.
337 Chaïm PERELMAN, Op.cit., p.346.

et des normes reconnues universellement comme des référents symboliques du consensus et de l'intercompréhension. Toute activité politique utilise continuellement des symboles, qu'elle soit traditionnelle, nationale, internationale ou révolutionnaire. La symbolisation est diachronique et s'inscrit dans une perspective évolutionniste de la société humaine. C'est pourquoi, la vie politique et culturelle offre des termes dont le sens est caduc à un moment donné.

> Le terme fasciste ne désigne plus un mouvement politique ou une idéologie précise, mais symbolise le mal ; tandis que démocrate (si peu démocrate que soit le personnage ou groupe politique qui se pare de ce mot) symbolise le bien. De même dans le jargon marxiste le terme légaliste a la signification péjorative d'un pur formalisme bourgeois, mais si on lui ajoute le mot socialiste (légalité socialiste) il symbolise la plénitude de la loi, sa parfaite correspondance avec la structure réelle de la société. Encore : ordre c'est la réaction, ordre républicain c'est le civisme. [...] Ces termes symboliques sont devenus des mots d'ordre par lesquels la politique oriente et organise l'activité (les masse)[338].

Le symbole du terme droit est l'équivalent de la liberté et de la justice. La balance équilibrée et équitable symbolise le droit à la justice et la justice selon le droit. Le symbole est pour Jung « apporteur de salut, car il peut englober en soi et unir [le rationnel] et [l'irrationnel] »[339]. En faisant l'économie des exemples de la vie politique, on s'aperçoit que l'existence humaine est truffée de symboles et que la vie révèle une ontologie du phénomène symbolique. Le symbolisme s'insinue dans le langage des théoriciens, certains à leur corps défendant. Le système juridique moderne s'enracine dans une théorie psychologique disciplinaire et la quête d'un ordre politique stable.

Contre toutes les influences bourgeoises, la symbolique marxiste, proclame l'égalitarisme et la justice sociale par la praxis désaliénante et révolutionnaire, synonyme d'un ordre communiste. Quant au rationalisme, il défend « le droit de la raison et sa capacité à se donner des lois »[340], pour qu'advienne une démocratie radicale. La pensée est autonome et elle ne se soumet plus aux exigences et aux faits que la tradition lui offre, mais elle cherche dans tous les domaines de la vie sociétale, à créer par elle-même des codes et des symboles qui doivent constituer la substance matricielle de l'être et de la vérité. Les interactions humaines sont régies par des rapports juridiques et politico-économiques réels de domination ou contractuels dans lesquels se fait le libre règlement originel de la volonté des individus. Les symboles ne sont rien d'autres que des principes qu'on crée soi-même pour sociabiliser l'homme et rendre possible le vivre-ensemble.

---

[338] Sergio COTTA, Op.cit., p.55.
[339] Ibidem.
[340] Ernest CASSIRER, Op.cit., p.57.

Nos libres règlements sont désormais ce qui nous lie indissolublement pour toujours les uns aux autres. Le droit dans la structure sociale est le ciment des rapports intersubjectifs qui évite de retomber absolument dans l'État de nature. L'influence sociale de la symbolique est à deux niveaux : l'une est une ontologique du vécu comme domaine où s'enchevêtrent les identités de l'homme « animal politique », « animal symbolique » et « animal rationnel ». L'autre est l'émergence d'une éthique du développement humain qui ne peut se confiner dans des pseudo-rationalités. C'est par le symbole que la raison philosophique et la raison politique se présentent sur la scène du monde comme des puissances cognitives, capables de transformer, de réadapter ou de révolutionner la société humaine.

Selon le marxisme, la politique se conjugue continuellement à l'activité symbolisante et semble s'exprimer par les symboles. « La politique est action, elle appartient éminemment au domaine du faire, de la praxis »[341]. Ce concept d'activité pratique auquel reconduisent directement toutes les présuppositions effective, symbolise l'autonomisation de l'individu dans son rapport à la réalité sociale. L'histoire mondiale apparaît dans le Marxisme, comme « procès d'engendrement *Erseugung* de l'homme par le travail humain »[342]. C'est à partir de l'intrusion de l'argent (le capital) dans le système de production comme le symbole déterminant et conditionnant les rapports de production, que Marx explique l'exploitation et la corruption sociale. Dans la pratique monétaire, « se décide un régime inouï des signes et des valeurs qui dessine et accompagne à sa façon toutes les mises en cause et tous les ébranlements que la pensée contemporaine a tenté de conceptualiser »[343]. C'est toute la sémiotique sociale, un mode de symboliser qui implique non seulement un certain statut du signe et de la valeur, mais plus implicitement une certaine relation structurante à la loi, à l'État, à ce qui est privé et public, à la représentation du corps social, à la réalité, à la matière et à l'idéalité.

Le symbole apparaît comme une catégorie abstraite certes mais ayant une fonction d'organisation, de cohérence et de consensus qui sont les modalités normatives et constitutives de l'ouverture à l'universalité. L'histoire nous enseigne que même dans les sociétés primitives la symbolisation était une activité permettant aux communautés de se reconnaître. L'idéal d'élaboration systématique était aussi la condition indispensable au fonctionnement de la société contemporaine à la recherche de cohérence et de stabilité politique et sociale. « Un système formalisé, construit d'une façon aussi rigide, qui impose l'univocité des signes, qui limite les capacités d'expression et de démonstration du système, est isolé du reste de l'univers, et n'est pas en

---

341 Sergio COTTA, Op.cit., p.57.
342 Pierre DARDOT et Christian LAVAL, Op.cit., p.187.
343 Jean Joseph Goux « Cash, check or charge » in Daniel BOUGNOUX, *Sciences de l'information et de la communication*, Paris, Larousse, 1993, p.679.

interaction avec les éléments qui sont extérieurs »[344]. C'est l'absence de ces conditions qui distingue nettement la symbolisation juridique de la symbolisation formelle. S'il est vrai que « le droit vise à l'établissement d'un ordre stable, qui garantit la sécurité juridique, l'uniformité (l'égalité devant la loi) et la prévisibilité, il ne peut jamais être isolé du contexte social dans lequel il est censé agir »[345]. Le contenu substantiel du système juridique s'applique à l'homme, car la sécurité juridique, le consensus social sont les objectifs que vise le droit et qui, en même temps représentent des valeurs qu'il partage avec la morale et la politique, c'est-à-dire la justice et le bien commun.

Mais toute symbolisation est de nature progressive car elle évolue avec les mutations sociales. C'est pourquoi, « le caractère rigide, donc statique du [symbole] ne pourrait pas résister indéfiniment aux changements, d'ordre technique et culturel, intervenus dans la société »[346]. La stabilité fondatrice du symbole qui garantit sa valeur sociétale, se fait dans une perspective civilisationnelle faite de progrès. Le symbole loin d'établir un rapport fixe et isolable entre un mot, une idée et une chose, est un système de valeurs différentielles, de pures valeurs que les hommes construisent pour rationaliser les rapports étroits de représentation et d'équivalence qu'ils établissent entre eux. Par ailleurs, c'est l'essence purement informationnelle du symbole qui se révèle dans la société. De sorte que l'intérêt stratégique qu'a pu avoir le dégagement d'une homologie structurale très serrée entre le symbole et le langage, dévoile dans la communauté politique, sa nécessité historique la plus contraignante. Le symbole implique la production imprévisible, active, de nouveaux arrangements de significations dans la relation communicative. Il est langage non-expressif et son statut ontologico-social le présente comme une orchestration de ce langage de l'universel où les individus se rencontrent, commercent et entrent aussi en conflit les uns avec les autres.

Si le droit est envisagé sous son aspect téléologique, c'est-à-dire comme moyen en vue d'une fin à réaliser au sein d'une société en mutation, il ne peut être indifférent aux conséquences de son application. Le droit a pour fonction essentielle de garantir une meilleure structuration de la société de sorte que les individus consolident le pacte social. Le structuralisme a démontré le rôle fondateur de la structure comme systématisation de la vie sociale aussi bien de la communauté primitive que de la communauté moderne. Toute société se développe en modifiant qualitativement sa structure interne. La théorie marxienne conçoit une approche systémique dans laquelle le développement répond aussi aux lois de l'extension et de l'accumulation des fondements de la civilisation humaine. « Ce système réalise la libération du travail et met tous les acquis du travail, de la science et de la culture au service du peuple, de

[344] Chaïm PERELMAN, Op.cit., p.510.
[345] Ibidem.
[346] Idem, p.511.

l'amélioration de la vie et du plein épanouissement de l'homme »[347]. C'est précisément ainsi que le système social socialiste se révèle être la condition dominante du progrès des forces productives, car ces conditions sociales transforment le travail, les moyens de production et la science, leur contenu et leurs rapports réciproques.

Marx allant jusqu'à reconnaître à Hegel le mérite de comprendre l'homme objectif, vrai ou réel comme le résultat de son propre travail et de saisir, bien qu'à l'intérieur de l'abstraction, « le travail comme acte d'autoengendrement de l'homme »[348]. Hegel saisit le concept de travail dans le procès de production mis en relief par l'économie politique. À la fois comme « étape dans une progression dialectique et comme source des richesses, le travail conduit au mécanisme et s'analyse dans un système »[349]. Dans *Principes de la philosophie du droit (1940)*, Hegel affirme : « la société civile contient trois moments suivants : la médiation du besoin et la satisfaction de l'individu par son travail et par le travail et la satisfaction des besoins de tous les autres : c'est le système des besoins »[350]. La structure qui assure les besoins matériels de la société, est dans cette optique la condition modifiant dans les détails toutes les autres tâches de l'activité sociale des hommes, sans laquelle celles-ci sont irréalisables ou, plutôt, en fonction du degré de solution de laquelle toutes les autres tâches sont posées et réglées sous telle ou telle forme.

La connexion qui se forme entre la structure du travail et l'homme prend le sens d'une activité de transformation et de modification des conditions qu'elle trouve là devant elle et qu'elle n'a pas elle-même produites ou engendrées. Cette structure sociale du travail est aussi transitoire et, sous la pression des forces du progrès historique, se convertit en une nouvelle totalité, système au sein de laquelle elle affirme sa qualité systémique générale. C'est pourquoi, toute activité historiquement actuelle de type élevé est consubstantielle à la solution éventuelle des problèmes fondamentaux de l'existence matérielle des hommes, dépend d'elle. On crée sur cette base des possibilités inédites pour une extension continue et plus rapide de la production sociale, pour l'accélération des rythmes du développement social. Telle est l'essence du phénomène des structures variables. Par « les longues voies du développement des forces de travail, du savoir et de l'intégration sociale, l'humanité s'avance vers ce degré de liberté où elle n'aura plus à employer toute son activité pour satisfaire seulement les principaux besoins vitaux »[351]. Dorénavant, l'homme sera plus poussé par ses obligations sociales

347 Vsévolod KOUZMINE, *Du système dans la théorie de Marx*, traduit du russe par Antonio Garcia, Moscou, Édition du progrès, 1987, p.184.
348 Marx in Pierre DARDOT et Christian LAVAL, Op.cit., p.187.
349 Gilles CAMPAGNOLO « Modernité de la production et production moderne. Travail et richesse selon Hegel » in Jean-François KERVÉGAN et Gilles MARMASSE (dir), Op.cit., p.195.
350 Friedrich HEGEL, Op.cit., p.223.
351 Vsévolod KOUZMINE, Op.cit., p.187.

que par ses besoins vitaux. Dans sa production sociale, un rôle foncièrement nouveau est dévolu à ses besoins culturels.

Il y a l'idée d'une amélioration et d'organisation qui sous-tendent la structure, le symbole et le système. En regard de cet objectif commun, on pourrait dire que « [le symbole], avant de se traduire en institutions communes, s'exprime en une identité culturelle, en un horizon de valeurs communes que les individus reçoivent dès leur naissance dans une famille et un milieu historiquement situés »[352]. Il fonctionne comme une force fédératrice des particularités et des diversités et, son influence transcende l'individualité des « moi » pour se loger dans l'universel qui le caractérise. Au niveau de l'organisation intellectuelle et morale, et donc, globalement, « au niveau du vécu, le [particulier] irréductible au [commun] [...], reste finalement l'agent [principal] de la politique »[353]. L'unité visée par la symbolisation du vécu est analogue à la synthèse politique qui embrasse des éléments réels, visualisables et tangibles, c'est-à-dire la cité, la nation, la classe, le parti etc., sont loin d'être irréels, mais n'ont de réalité que par les idées, la culture.

La politique ne saurait se passer d'introduire ces schèmes idéaux dans sa synthèse pour demeurer dynamique. La raison du symbolisme est évidente en politique, car « le symbole est donc le moyen par lequel s'opère cette synthèse du connu et d'inconnu ou, si l'on veut, de réel et d'idéal, de visible et d'invisible, de naturel et de culturel dont la politique a besoin »[354]. Il permet ainsi de sortir de l'impasse provoquée par la dualité antithétique de l'idée et du réel et de déterminer la volonté à l'action. Jung nous dit que le symbole seulement « est capable d'établir, au niveau de l'irrationnel, la médiation d'une antithèse logique »[355]. Le symbole a une fonction synthétique. Le référent objectif semble se dissoudre dès qu'on cherche à l'atteindre. Autrement dit, « malgré la continuité de leur présence, les Pyramides n'ont aucun rapport avec les Égyptiens d'aujourd'hui »[356]. Mais grâce aux « symboles, les notions abstraites apparaissent réelles, une suite d'idées se visualise, les monuments acquièrent un sens durable et parlent tout au moins tant que les symboles restent vivants, capables d'agir sur la sensibilité et de la stimuler à l'action »[357]. Dans le symbolisme juridique, pour s'adapter à son rôle de moyen en vue d'établir un ordre démocratique, le droit doit introduire dans sa structure et sa formulation des éléments d'indétermination.

Il faut donc s'attendre à ce que ces éléments d'indétermination donnent lieu à des interprétations divergentes qui, résultent des intérêts antagoniques

---

[352] Sergio COTTA, Op.cit., p.59.
[353] Ibidem.
[354] Idem, p.60.
[355] Ibidem.
[356] Ibidem.
[357] Ibidem.

opposant les individus ; ce qui n'exclut pas le conflit pour lesquels il n'existe pas de solutions objectives et impersonnelles.

Dès lors, se pose le problème du devenir du système juridique qui devra s'assouplir et éviter toute forme de rigidité pour s'adapter à son temps. Dans cet espace se structure le rapport de souveraineté entre le citoyen et l'État par l'entremise du droit. Traiter l'autonomisation de l'homme à l'égard du pouvoir politique, renvoie à l'analyse de la dynamique du système social et d'une approche évolutive de l'État moderne comme point de rationalisation du processus historique. N'oublions pas que « la majorité des problèmes résolus par l'humanité ont un caractère infini et, d'une époque à l'autre, se distinguent essentiellement par le degré de maturité et le niveau de solution »[358]. C'est pourquoi, au-delà de l'apparente structure constante de tout système, il serait néfaste de ne pas comprendre la relativité que de l'ériger en absolu. Toute chose que l'on conçoit se manifeste sous forme de conservation-dépassement, comme l'exprime la dialectique hégélienne, incorporée au fondement comme structure variable. C'est dire que la structure constante sera toujours première mais, à partir d'une certaine étape de l'évolution sociale, apparaîtra foncièrement réglée quant à son contenu fondamental.

En appliquant cette méthode au système républicain, on s'aperçoit que dans la modification des dispositions de la constitution ou la réécriture de la constitution d'un État, celle-ci garde sa structure fondamentale ou structure constante qui assure la continuité de la vie sociale, tandis que la structure actuelle à partir de laquelle tout changement ou modification de la constitution est rendue possible, représente la structure variable. Dans son effort de saisir et de représenter l'invisible, le symbole à une influence psycho-sociale indéniable.

> La symbolisation, bien qu'elle s'appuie sur l'inconscient [chez Jung], s'adresse à toutes les facultés humaines : l'entendement, la sensibilité, la volonté. À ces trois différents destinataires du message symbolique correspondent trois catégories de symboles : 1) les noétiques, s'adressant à l'entendement ; par exemple : nation, patrie, corps politique etc. ;2) les figuratifs, s'adressant à la sensibilité ; par exemple : drapeaux, couronnes, blasons, uniformes etc. ; 3) les normatifs ou exoratifs, s'adressant à la volonté, par exemple ; l'ancien cri de guerre français '' Monjoie'' (dont la dérivation du germanique Mundgawi, « protection du pays », révèle le riche contenu symbolique) ou les devises « Dieu et mon droit », « Plus ultra », « Liberté, égalité, fraternité ou mort », « Prolétaires du monde entier unissez-vous ! etc. [359]

[358] Vsévolod KOUZMINE, Op.cit., p.192.

[359] Sergio COTTA, Op.cit., p.60.

Les symboles de ces trois catégories se reproduisent par germination en chaîne dans une dynamique interactive et expressive de l'invisible et du visible. Appréhendé par l'entendement, « la patrie se rend visible par le drapeau et énonce ces impératifs ou lance ses appels par sa devise. Un réseau cohérent de symboles agissant sur toutes les capacités d'intuition et d'attention de l'homme, vient ainsi configurer a *tutto tondo* ce qui n'était auparavant qu'une simple idée »[360]. Ces différentes catégories des symboles sont utilisées en politique, précisément certains symboles noétiques obéissent aux « deux exigences fondamentales du politique : la permanence de la cité et l'intégration des moi dans le nous »[361]. Cette systématisation de la vie sociale implique un système normatif qui devrait s'accommoder à la complexité sociale dans un sens mélioriste.

Le symbole transmet toujours au futur à l'instar de certains caractères somatiques dans la lignée parentale, des paradigmes théoriques. C'est précisément en utilisant cette réalité que « la symbolisation permet d'attribuer chair et sang (le symbole est ici de rigueur) à la cité, qui est présentée comme nation, patrie, mère-patrie et tous leurs dérivés, entre autre : père de la patrie, foyer national etc. »[362]. Toute la gouvernance démocratique se déroule grâce à ces catégories sociétales qui s'appuient sur des projets normatifs, dans la mesure où elles sont des composantes intégrales et intégrantes de la totalité organique imposée par une certaine forme de vie. La fonction d'intégration est assurée par un symbole matériel, c'est-à-dire le corps social, dont les membres sont les citoyens. « Le symbole de la génération n'a pas d'ailleurs la seule fonction de rendre perceptible la permanence de la cité, mais aussi de rendre possible l'intégration [et la gouvernance] des individus dans le nous »[363]. Devant l'impossibilité de considérer un système de droit comme structure juridique rigide, statique, la gouvernance démocratique a pour rôle d'ajuster le cadre juridique et normatif pour rendre l'intégration politique et sociale, une réalité vécue. Pour mieux réguler la société, le système formel juridique doit avoir une dimension démonstrative et impersonnelle en vue de répondre aux exigences d'égalité et de liberté qui caractérisent un État civilisé.

Hans Kelsen a élaboré dans ce sens, sa *théorie du droit pure* qui conçoit chaque système de droit comme un système dynamique. Mais c'est de Hegel à Foucault, en passant par Marx que le paradigme de la représentation du corps social en tant que théorie d'une société juste prend le sens d'une réelle critique du sociale telle qu'elle se présente dans la société bourgeoise. Cette société est dénoncée comme « aliénée ou investie par le contrôle et les micro-pouvoirs »[364]. Le système politique et économique capitalistes fonctionne

---

360 Idem, p.61.
361 Ibidem.
362 Idem, p.62.
363 Ibidem.
364 Jürgen HABERMAS, Op.cit., p.223.

comme des modalités de restructuration, de réforme et de codification dans lesquelles se déroulent le procès de la production et le procès juridique de l'homme. La capacité d'isolement et de nivellement que dénoncent Hegel, Foucault et Marx, relève d'une abstraction de l'homme où les structures sociales dans lesquelles se déroule son existence, participent de plus en plus à l'effectivité d'un universel abstrait que cache les prétendus droit de l'homme, la citoyenneté démocratique et la justice. « L'isolement et l'uniformisation synchronisatrice ne peuvent en effet partir que des mécanismes de pénétration du marché et du pouvoir administratif, c'est-à-dire des mécanismes de l'intégration sociale, lesquels se transforment en violence réifiante lorsqu'ils pénètrent au cœur du monde vécu, conçu dans la communication, et donc vulnérable »[365]. Si l'on considère que l'avènement du capital dans la structure sociale comme rapport de production dominant où l'être générique se consume, il faut reconnaître à la symbolique monétaire (le capital) une double historicité qui fonctionne dans le procès social. D'une part :

> [le capital] est historique au sens où il est né de certaines conditions qu'il n'a pas produites par sa propre action, mais qu'il a rencontrées ou trouvées-là-déjà, il est donc historiquement relatif à ces conditions ; d'autre part, il est historique en cela même que, une fois établi comme système effectif, il a une histoire qui est cette fois-ci l'effet de sa propre action en tant que capital, et cette histoire qu'il a en tant que capital est déjà préfiguration de son dépassement dans une forme sociale supérieure[366].

Les présuppositions historiques qui ne sont rien d'autre que les présuppositions du devenir ou de la naissance du capital, disparaissent donc avec le capital effectivement réel. Le capital ne part plus de présuppositions pour devenir, mais est lui-même présupposé, et, partant de lui-même, il crée les conditions de sa propre croissance. Le terme est à entendre ici au :

> sens réflexif hérité de Hegel : le capital devenu, ou capital dans son être-là, se pose en avant de lui-même comme argent pour résulter de cette présupposition sienne, ou se fait lui-même condition de lui-même en se rendant conditionné par ce qu'il a lui-même posé, ce qui veut dire que l'argent qui est le point de départ de ce procès n'existe pas sous la simple forme d'une fortune monétaire constituée à partir de l'usure ou du commerce […], mais qu'il est lui-même une forme d'existence élémentaire du capital[367].

Dans ce sens, argent et marchandise continuent toujours d'être des catégories substantielles dérivées de cette activité d'autoposition du capital qui est au cœur du processus réel. Cette naissance du capital n'est aujourd'hui

---

365 Ibidem.
366 Pierre DARDOT et Christian LAVAL, Op.cit., p.372.
367 Idem, p.374.

possible, que sur la base de l'exploitation du travail salarié. On découvre à partir du capital, la symbolisation du procès de la marchandise articulée autour des présuppositions du devenir et des présuppositions de l'être-là comme catégories hégéliennes. Cette orientation théorico-cognitive (la dialectique), c'est-à-dire la méthodologie dialectico-matérialiste renferme indéniablement *ab vo* l'approche systémique comme l'un des principes fondamentaux du développement, du fonctionnement, de la structuration de la société. Dans la décrispation de la réalité et son examen scientifique, « l'approche systémique est plus axée sur la statique que sur la dynamique, plus sur le devenu que sur le devenant, plus sur les objets que sur leurs changements dialectiques »[368]. Cette définition met en lumière la complexité de l'interaction des éléments sociaux (travail, marchandise, argent, capital, exploitation, mode de production, etc.), qui donnent à l'approche systémique des possibilités beaucoup plus étendues et plus riches, à partir de ces matériaux conceptuels, d'étudier en profondeur la réalité objective.

L'assèchement de la justice et du droit positif dans le dispositif systémique est présenté comme la conséquence de l'invasion des zones stratégiques du monde vécu. Il s'est renfoncé par les relations de libre-échange et les règlementations bureaucratiques qui, les altèrent en créant au sein de la communauté politique, une scission du champ politique sous forme de sphère publique et privée. Ce qui a pour conséquence la multiplicité des pathologies sociales. L'institutionnalisation d'un ordre juridique et politique universel, obéit aux mécanismes systémiques d'intégration sociale, c'est-à-dire le pouvoir organisationnel, le droit, la solidarité citoyenne qui transcendent l'égalité libérale et serviraient de levier à la déconstruction de la justice telle qu'elle se présente dans la société capitaliste. Le recours à des notions vagues telles que la démocratie, la révolution, l'État de droit, l'ordre public, permettront à la gouvernance démocratique de rendre concret et visible, les valeurs normatives, éthiques et civiques de la vie sociétale que si elles représentent un entraînement constant à la prise de conscience de ce que doit être le devenir de l'humanité. La société humaine en retirerait de ce fait, « une connaissance transcendantale qu'elle concevrait comme une intuition du bien et, partant, aimerait bien apporter sa contribution pratique à la promotion de ce bien »[369]. La compréhension de ce défi de la modernité vise une société fondée sur des exigences de justice et d'ordre juridique, désinfectée des scories qui font abstraction du citoyen et d'un formalisme aliénant l'être social. Les vicissitudes de l'abstraction violente des lois universelles est cognitivement et politiquement incompatibles aux exigences de la modernisation sociale et culturelle des sociétés contemporaines.

---

[368] Vsévolod KOUZMINE, Op.cit., p.349.

[369] Jürgen HABERMAS, Op.cit., p.223.

V- Principe de causalité et présupposition historique du droit

Si le problème de la liberté est mis en rapport comme chez Kant avec la causalité, alors cette connexion nous conduit à envisager une autre perspective. Nous devons concéder la possibilité que plusieurs perspectives différentes puissent être ouvertes au sujet de la liberté. La liberté humaine ne signifie plus la liberté comme propriété de l'homme, mais, à l'inverse, l'homme comme une possibilité de la liberté. En effet, Kant avait été le premier à apercevoir radicalement le problème de la liberté dans sa portée philosophique. Évoquer la conception kantienne de la causalité, c'est montrer que Kant conçoit premièrement la causalité comme causalité de la nature, c'est-à-dire la causalité de l'histoire où l'histoire n'est d'abord qu'un ramassis de faits et d'influences liés causalement entre eux ou la causalité propre à l'advenir historique doit être appréhendée autrement. L'idée transcendantale de la liberté se trouve à l'origine d'un conflit de la raison pure chez Kant. « La causalité selon les lois de la nature n'est pas la seule dont puissent être dérivés tous les phénomènes du monde. Il est encore nécessaire d'admettre une causalité libre pour l'explication de ces phénomènes »[370]. Cette première proposition est suivie d'une seconde : « il n'y a pas de liberté, mais tout arrive dans le monde uniquement suivant des lois de la nature »[371]. Cette liberté transcendantale est autocommencement. C'est pourquoi, l'histoire du présent est un non-sens. En inscrivant le système juridique dans sa compréhension historique, pour Marx et Engels, le droit n'a pas d'histoire qui lui soit propre. L'examen de droit s'inscrit dans le contexte des formes politiques du XIXe siècle où s'est développé le libéralisme économique.

Le droit positif n'est que la volonté de la classe dominante érigée en loi. Cette volonté dont le contenu est déterminé par les conditions matérielles d'existence de la classe, devient dans l'État moderne, la réalisation de la systématisation de l'histoire universelle de la citoyenneté. En effet, Marx reproche le fait que « [Stirner] enfle la conscience dominante (bourgeoise) de la classe qui le touche de plus près, dans le milieu qui l'entoure, jusqu'à en faire la conscience normale de la vie d'un homme »[372]. Engels et Marx définissent le complexe politico-juridique par la fonction qui lui est historiquement assignée d'assurer la reproduction des rapports capitalistes de production.

Tout le système juridique bourgeois émerge d'une structure économique qui articule le droit public et le droit privé dans son fonctionnement politique. Mais il n'y a véritablement de droit privé (droit de propriété) que dans et par

---

[370] Martin HEIDEGGER, *De l'essence de la liberté humaine*, traduit de l'allemand par Emmanuel Martineau, Paris, Gallimard, 1996, p.205.
[371] Ibidem.
[372] Karl MARX et Friedrich ENGELS, *L'Idéologie allemande*, traduit de l'allemand par Henri AUGER, Gilbert BADIA, Jean BAUDRILLARD ; René CARTELLE, Paris, Éditions sociales, 1976, p.116.

l'État. Le droit public est la condition de possibilité du droit privé. Aujourd'hui les relations du fort (pays développés) et du faible (pays pauvres très endettés) ne peuvent être maintenues dans les limites d'une relation interhumaine compatible avec le principe de l'égale dignité des hommes et de leur droit égal à la liberté. Ce rapport asymétrique entre riche et pauvre ou maître et esclave, ne peut changer selon les normes juridiques ou éthiques, mais est possible que dans un mouvement révolutionnaire radical, selon Marx. Cette démarche peu probable aujourd'hui à cause de la complexification des situations sociales de nos sociétés et de l'idée de classe, donne néanmoins des ressources méthodologiques et intellectuelles du changement et de la transformation de la présente structure sociale capitaliste. Mais ce qui nous importe ici, c'est la relation de l'individu à la société civile médiatisée par le droit positif. Marx et Engels posent d'abord les conditions politiques de l'établissement du mode de production capitaliste qui, implique un droit centralisé, codifié et légiféré qui suppose la forme contractuelle moderne favorisant l'achat et la vente. Autrement dit, l'échange. Marx saisit le caractère universaliste abstrait du droit moderne fondé sur l'individualisme subjectif. La position initiale de Marx fut celle d'un jeune hégélien appréciant positivement l'aspect objectif d'un droit légiféré. Il conçoit au départ, les lois comme des normes positives, claires et universelles dans lesquelles la liberté reçoit une existence impersonnelle. Cette position va rapidement changer avec la réalité sociétale de son époque. Ce qu'est la loi objective c'est moins l'esprit du peuple que l'état d'une société civile où dominent certains intérêts.

Chez Kant, la perspective du droit se situe dans une approche républicaine. Cette idée du droit républicain bâti sur le modèle du droit privé (droit de propriété) se décline dans la formule de la doctrine du droit : « Le prince a le droit de favoriser l'immigration et l'installation d'étrangers (colons), quand bien même ses concitoyens autochtones ne le verraient pas favorablement, à condition que la propriété privée que ceux-ci possèdent sur le sol n'en soit pas diminuée »[373]. Toute l'ambiguïté du droit républicain ou cosmopolite, réside dans cette capacité à assurer la sécurité des personnes et des biens sans restriction contrairement à cette condition discriminante de Kant.

La condition est limitative et exclusive et donc apparaîtrait comme un contresens juridique et contraire à l'idée d'égalité. Elle entre paradoxalement en contradiction avec les principes du droit cosmopolitique qui se déduit du républicanisme. Le caractère objectif réel de la loi crée l'illusion que c'est l'État qui la détermine alors qu'en réalité, c'est lui qui présuppose l'État. Marx et Engels ne nient pas que le droit doive apparaître comme autonome et naturel. Son efficacité dépend bien du degré de perfection de la procédure législatif. Le système représentatif (la démocratie) est un produit tout à fait spécifique de la société bourgeoise moderne. Il est l'une des voies de ce perfectionnement de la communauté politique, connu sous l'identité d'État

[373] Alain RENAULT, Op.cit., p.487.

démocratique et qui, se fonde abstraitement sur la communauté civique, comme simple moyen servant à la conservation des droits de l'homme, c'est-à-dire des droits du bourgeois. Dans ce contexte, Hegel qui défend un individualisme possessif, est présenté parfois comme un défenseur de la propriété privée et du marché. Hegel semble conférer à l'institution de la propriété un aspect central. Il fait ainsi de la propriété l'archétype de tous les droits de la personne. La propriété interne et la propriété externe sont les deux formes conçues par Hegel comme patrimoine et comme pleine propriété. Les propriétés interne et externe sont liées entre elles en tant qu'institution juridiques positives. Elles représentent des déterminations juridiques permettant de concevoir l'État rationnel comme lieu d'objectivation de la propriété et de l'universalité politique.

Le sujet hégélien acquiert la qualité de la personnalité juridique qui a le droit de disposer des choses. Et ce droit n'est possible qu'au sein d'un État de droit, donc de droit public. La polémique entre Hegel et Marx renvoie pour le second, à la constitution de l'État politique et la décomposition de la société bourgeoise en individus indépendants dont les rapports sont régis par le droit.

L'individualisme possessif spéculatif reconnaît à la personne des droits sur les choses extérieures. Sa qualification juridique adéquate est celle de la capacité juridique de vouloir des objets extérieurs. Et cette forme d'appropriation s'accomplit en un seul et même acte. Ce moment représente le point culminant de l'évolution juridique. Étant au fondement de la législation, les valeurs libérales (l'égalité et la liberté), deviennent des garanties que les rapports sociaux demeurent des rapports d'individu à individu. Ainsi, Marx ne fait pas de l'intervention de l'État la simple sanction d'un droit déjà là mais souligne son rôle à la fois régulateur et constitutif dans la structuration juridique de l'ensemble des activités sociales. Certes la législation est bien désignée comme étant liée intimement aux principes qui gouvernent l'État social et économique existant, mais dans le mode de production capitaliste, c'est bien le moment législatif qui est constitutif de la juridicité. Or, « un principe reconnu comme vrai ne doit jamais être abandonné, quels que soient ses dangers apparents »[374]. La puissance d'appropriation qui sous-tend le droit privé est dénoncée par Marx comme attribut spécifique d'un universalisme vide. Le droit moderne est donc de classe dans sa forme (procédure) puisque la classe n'est historiquement déterminante et agissante que lorsqu'elle trouve avec l'État moderne, le moyen de faire passer ses intérêts particuliers pour l'intérêt général. Le droit est consubstantiel à l'État et fait prévaloir la volonté de ceux qui, dominant économiquement, s'assurent le contrôle du pouvoir politique. Quant aux modalités précises de l'exercice du pouvoir, seul l'examen des conditions empiriques peut en rendre compte et livrer les raisons des variations et nuances infinies que prend l'État à partir d'une même base économique.

[374] Emmanuel KANT, Op.cit., p.79.

Les méthodes législatives peuvent changer, voire paraître s'opposer d'une raison à une autre, elles cherchent toutes à développer les seuls rapports intersubjectifs. Les codes donnent au droit une plus grande apparence d'autonomie et il semble s'organiser dans la volonté du législateur. Il faut donc dégager sous cette autonomisation, la réalité effective des hommes et leurs rapports. Or, les fins qu'une société organisée poursuit simultanément sont : la légalité, la rationalité, la sécurité l'équité ou l'efficacité. L'instauration de tout cet ensemble de normes et de principes, souvent incompatibles, nécessité la recherche de consensus, d'un équilibre que l'on peut retrouver plus spécialement dans l'exercice du droit administratif et public.

L'organisation du système juridique qui se résume au droit à la vie implique le respect de sa propre vie et celle des autres. L'ontologie positive qui fonde le droit étatiste et légaliste, résulte du principe de contrat et de la séparation des pouvoirs pour qu'advienne la justice sociale. L'analyse de la pratique du droit qui ramène le droit à la loi, s'accentue encore lorsque des politiques, des théoriciens du droit public et des juristes du droit privé escamotent la liaison avec les faits économiques. Le rapport entre le droit et la loi nous indique clairement que la définition du droit, fournie par le positivisme juridique, n'est nullement neutre, car « elle résulte d'un jugement de valeur, explicite ou implicite, qui, loin de décrire le phénomène juridique tel qu'il s'est manifesté dans l'histoire, néglige tout droit qui n'émane pas de l'État et de ses organes »[375]. L'État et ses lois peuvent atteindre un certain degré d'autonomie certes, mais cette autonomie n'est que relative à l'actualité de la société bourgeoise et non pas à la structure contradictoire de cette société. « La loi électorale du 31 mai 1850 excluait [le prolétariat] de toute participation au pouvoir politique. Elle le coupait du champ de bataille. Elle rejetait les ouvriers dans la situation de parias qu'ils occupaient avant la révolution de Février »[376]. L'intérêt matériel de la bourgeoisie est précisément lié à la centralisation du système juridique. L'État et le droit assurent le développement et éventuellement la survie des conditions propres à la reproduction de la société bourgeoise. Ce que Marx et Engels montrent, c'est la nécessité d'une structure du droit public ; le droit privé qui se fonde sur la volonté libre du sujet doit être à la fois garanti et produit par des lois se présentant comme issues de la volonté générale.

La transmutation de la volonté bureaucratique en volonté générale, permet de légitimer l'arbitraire indispensable pour la défense de l'ordre économique et politique capitalistes. C'est sous l'emprise de la loi qu'une quantité énorme d'intérêts et d'existence est tenue par l'État. « [l'État] enserre, contrôle, réglemente, surveille et tient en tutelle la société civile, de ses manifestations

---

[375] Chaïm PERELMAN, Op.cit., p.544.

[376] Karl MARX, *Le dix-huit brumaire de Louis Bonaparte*, traduit de l'allemand par Gérard Cornillet, Paris, 1984, p. 130.

d'existence les plus vaste à ses mouvements les plus infimes, de ses modes d'existence les plus généraux à la vie privée des individus, où ce corps parasite, grâce à la centralisation la plus extraordinaire, acquiert une omniprésence, une omniscience, une capacité de mouvement accéléré et un ressort qui n'ont de comparable que l'état de dépendance absolue, la difformité incohérente du corps social »[377]. De la configuration de la société capitaliste est induit la configuration juridique fondée sur le contrat et la propriété. « Le droit de propriété est *le jus utendi et abutendi* [droit d'utilisation et de disposition], le droit de l'arbitraire sur la chose »[378]. Le sujet constitutionnel est celui que le droit prédispose au rétablissement du mode de production capitaliste et qui, suppose la création d'un marché libre d'échange et de travail. Il se trouve exigé que la pleine capacité juridique soit accordée à l'ensemble du corps social. Cette abstraction de l'individu dans la politique moderne, transforme celui-ci certes en personne juridique mais le sépare de ses superstructures.

Conclusion

Les conditions de possibilité d'un ordre constitutionnel égalitaire et universel se révèlent comme un défi de la gouvernance démocratique. La systématisation du monde vécu apparaît comme une entreprise organisationnelle et de rationalisation de la vie sociétale. L'idée du symbole est interprétée dans sa fonction de codification et d'universalisation et requiert des principes normatifs, juridiques et des valeurs de sociabilité capables de structurer et de garantir la cohésion au sein de la communauté politique. Dans ce contexte la raison théorique se dédouble en raison pratique pour transformer la face invisible de nos représentations en une réalité opérante. C'est un processus d'objectivation de la vie sociale auquel se livrent les systèmes, les symboles et les concepts dans leur fonction normalisatrice du monde vécu.

La conception de l'histoire de la société ne peut se comprendre qu'à partir des lois de l'interaction et de l'interdépendance aussi bien des symboles, des structures que des individus qui composent le corps social. La connaissance du phénomène juridique à la lumière de la symbolique du social, saisit globalement la structure sociale et c'est à partir de là qu'on pourrait établir les corrélations des facteurs constants et variables, élucider leur hiérarchie réelle, les rapports dominants et les formes historiques concrètes sans oublier les étapes de l'évolution des sociétés. C'est cet ensemble que tente de représenter la symbolique sociale en se fondant sur des systèmes, leur polyvalence structurelle, leur capacité organisationnelle en aidant ainsi à la réalisation de

---

[377] Idem, p. 121.
[378] Karl MARX, Op.cit., p. 171.

la gouvernance démocratique. Cela n'occulte pas pour autant les difficultés ontologiques qu'elle renferme face au développement du phénomène social.

Conclusion générale

La postmodernité se conjuguera avec une ancrage sociale du droit. Le crépuscule éthique du droit positif qui systématise l'ordre institutionnel, brouille quelque peu le rapport du bonheur humain au droit de façon horizontal et de l'homme à la société de façon verticale. Si la politique est porteuse d'universalité démocratique, cela veut dire qu'elle est non seulement méliorative, mais recentre les valeurs socialisantes qui font l'apologie de la démocratie citoyenne. On ne peut occulter la moralité objective du droit, si on veut saisir le devoir-être comme processus d'humanisation constante dans la postmodernité. Ce processus passe par la constitution d'un ordre qui voudrait voir disparaître les particularités au profit de la communauté. La modernité du droit n'est pas le lieu où l'on doit approuver ou désapprouver le droit, mais de l'analyser en menant la réflexion critique sur son mode d'être théorique et pratique. Pour l'homme, il ne pas suffit que l'action soit conforme à la loi, mais il est plutôt nécessaire que la loi soit conforme à la justice.

La problématique de cette conformité de la loi à la justice est au cœur de l'émancipation humaine comme principe régulateur d'une sociabilité intelligible. Si le droit s'identifie à la justice et doit préserver la dignité humaine, il devient du coup, l'objectivation de ce que l'homme a de plus essentiel, c'est-à-dire la liberté. Le droit n'est possible que dans une modernité politique où l'institution juridique, équivaudrait à l'institution du social que comme recherche permanente d'une justice restaurative de l'homme. C'est dans cette perspective que se dégage l'horizon juridique de la postmodernité politique qui, seul offre la possibilité à l'homme s'assumer pleinement dans la société mondiale.

BIBLIOGRAPHIE

ABENSOUR, Miguel, *La démocratie contre l'État : Marx et le moment machiavélien,* Paris, Éditions du Félin, 2004, 190 p.

AMON, Angba Martin, *Le marxisme et la palabre à l'épreuve de la reconstruction postcrise,* Paris, Edilivre, 2015,121p.

ATTALI, Jacques, *La crise et après ?,* Paris, Fayard, 2009, 177 p.

ARISTOTE, *La politique,* traduit du grec par J.Tricot, Paris, Vrin, 1989,595p.

ARTOUS, Antoine, *Marx, l'Etat et la politique*, Paris, Syllepse, 1999. 394p

BELLINA, Séverine, Hervé Magro et Violaine de Villemeur (Dir), *La gouvernance démocratique,* Paris, Karthala, 2008,602p.

BIDIMA, Jean-Godefroy, *La palabre une juridiction de la parole,* Éditions Michalon, Paris, 1997, 127 p.

COURTÈS Francis, *La raison et la vie, idéal scientifique et idéologie en Allemagne de la réforme jusqu'à Kant*, Paris, Vrin, 1972, 315p.

D'HOLBACH Paul-Henri Thiry, *Œuvres complètes. Tableau des saints et le bon sens politique naturelle ethocratie*, Tome III, Paris, Alive, 2001, 741p.

DUMÉNIL Gérard, LÖWY Michael et RENAULT Emmanuel, *Lire Marx*, Paris, PUF, 2009, 284p.

DUVERGER Maurice, *Droit constitutionnel et institution politique*, Paris, PUF,1958, 673p.

FRAZER Nancy, *Qu'est-ce que la justice sociale?*, traduit de l'anglais (États-Unis) par Estelle Ferrarese, Paris, La Découverte, 2011, 178p.

HABERMAS, Jürgen, *Morale et communication*, traduit de l'allemand par Christian Bouchindhomme, Paris, les Éditions du Cerf, 1986, 212p.

HABERMAS, Jürgen, *Entre naturalisme et religion. Les défis de la démocratie,* traduit de l'allemand par Christian Bouchindhomme et Alexandre Dupryrix, Paris, Gallimard, 2008, 378p.

HARDT, Michael et ANTONIO, Negri, *Empire,* traduit de l'américain par Denis-Armand Canal, Paris, Exils, 2000, 571 p.

HATEM, Jad, *Marx, philosophe de l'intersubjectivité,* Paris, L'Harmattan, 2003, 110 p.

HAYEK, Friedrich, *Droit, législation et liberté, TII, le mirage de la justice sociale,* traduit de l'anglais par Raoul Audouin, Paris, PUF, 1982, 121 p.

HEGEL Friedrich, *Principes de la philosophie du droit,* traduit de l'allemand par André Kaan, Paris, Gallimard, 1940,380p.

HEGEL Friedrich, *Phénoménologie de l'esprit,* tome II, traduit de l'allemand par Jean Hyppolite, Paris, 1941,357p.

HEGEL Friedrich, *Droit, Morale et politique,* textes choisis par Marie-Jeanne KÖNIGSON, Paris, PUF, 1977,190p.

HEGEL Friedrich, *Leçons sur la philosophie de l'histoire*, traduit de l'allemand par J.Gibelin, Paris, Vrin, 1998,478p.

HEIDEGGER, Martin, *De l'essence de la liberté humaine,* traduit de l'allemand par Emmanuel Martineau, Paris, Gallimard, 1996,290p.

JORLAND, Gérard, *La science dans la philosophie. Les recherches épistémologiques d'Alexandre Koyré,* Paris, Gallimard, 1981, 372p.
KANT, Emmanuel, *Théorie et pratique sur un prétendu droit de mentir par humanité,* traduit de l'allemand par Louis Gillermit, Paris, Vrin, 2013,115p.
KANT, Emmanuel, *Pour une paix perpétuelle,* traduit de l'allemand par Joël LEFEBVRE, P.U.L, 1985, 188p.
KARAMOKO Abou, *Les enjeux du discours philosophique pour l'Afrique,* Paris, L'Harmattan, 2017,278p.
KERVEGAN, Jean-François et MOHAUPT, Heinz (dir), *Le droit entre nature et histoire,* Cergy-pontoise. Frankfort a.M. V Klostermann, 1997, 361p
KERVÉGAN et MARMASSE, Gilles, *Hegel penseur du droit,* Paris, CNRS Éditions, 2004,298p.
KOUASSI, Yao-Edmond, *Habermas et la solidarité en Afrique,* Paris, L'Harmattan, 2010,206p.
KOUZMINE, Vsévolod, *Du système dans la théorie de Marx,* traduit du russe par Antonio Garcia, Moscou, Éditions du Progrès, 1987, 389 p.
KOJÈVE, Alexandre, *Kant,* Paris, Gallimard, 1973,219p.
KOJÈVE, Alexandre, *Esquisse d'une phénoménologie du droit,* Paris, Gallimard, 1981, 588p.
LADRIÈRE, Paul et GRUSON, Claude, *Éthique et gouvernabilité un projet européen,* Paris, PUF, 1992,272p.
LAQUIER, Walter et RUBIN, Barry, *Anthologie des droits de l'homme,* traduit de l'américain par Thierry Pielat, Paris, Nouveaux horizons, 2002, 594 p.
LEFEBVRE, Henri, *Métaphilosophie,* Paris, Syllepse, 2000, 303p.
LOCKE, John, *Deuxième traité de gouvernement civil,* traduit de l'anglais par Bernard Gilson, Paris, Vrin, 1977,255p.
MARX, Karl, *Critique du droit politique hégélien*, traduit de l'allemand par Albert BARAQUIN, Paris, Editions Sociales, 1975, 222 p.
MARX, Karl, *Le dix-huit brumaire de Louis Bonarpate,* traduit de l'allemand par Gérard Cormilet, Paris, Seuil, 1984, 230 p.
MARX, Karl, *Manuscrits de 1844,* traduit de l'allemand par Émile Bottigelli, Paris, Éditions sociales, 1969,174p.
MARX, Karl et ENGELS, Friedrich, *L'idéologie allemande,* traduit de l'allemand par Henri AUGER, Gilbert BADIA, Jean BAUDRILLARD, René CARTELLE, Paris, Éditions sociales, 1976, 621 p.
MORIN, Edgar, *Pour et contre Marx*, Paris, Temps présent, 2010, 119 p.
MOURIAUX, René, *La dialectique d'Héraclite à Marx*, Paris, Syllepse, 2010, 251p.
PALMA, Norman, *Introduction à la théorie et la philosophie du droit*, Paris, Perspectives libres, 1997, 233p.
PERELMAN, Chaïm, *Ethique et droit,* 2e Édition, Bruxelles, Éditions de l'Université de Bruxelles, 2012, 824p.

PETIT Jean-François et KI-ZERBO Lazare, *Justice transitionnelle, justice alternative,* Paris, les Éditions franciscaines, 2017, 157p.
POULANTZAS, Nicos (dir), *La crise de l'État,* Paris, PUF, 1976,348p.
RENAULT, Alain, *Kant aujourd'hui*, Paris, Flammarion, 1997,512p.
ROUSSEAU, Jean-Jacques, *Emile ou de l'éducation*, Paris, Éditions Sociales, 1978, 256p.
SCHOPENHAUER, Arthur, *Les deux problèmes fondamentaux de l'éthique (la liberté de la volonté et le fondement de la morale)*, traduit de l'allemand par Christian Jaedick, Paris, Éditions ALIVE, 1998, 258p.
SLOTERDIJK, Peter, *Tu dois changer ta vie,* Paris, Libella, 2011, 654 p.
SLOTERDIJK, Peter, *Tempéraments philosophiques,* Paris, Libella-Maren Sell, 2011, 156 p.
SPINOZA, Baruch, *L'Éthique*, traduit du grec par Roland Caillois, Paris, Gallimard, 1954, 379p.
TENZER Nicolas, *Philosophie politique*,Paris, PUF, 1994, 671p.
WEIL, Éric, *Logique de la philosophie,* Paris, Vrin, 1996, 442p.
WEIL, Éric, *Hegel et l'État : cinq conférences suivies de Marx et la philosophie du droit,* Paris, Vrin, 2002, 123 p.

Articles et périodiques

Le monde diplomatique, Scénarios de la mondialisation, Novembre, 1996
Les cahiers de critique communiste, le marxisme face au capitalisme contemporain, Paris, Syllepse, 2004.
Les cahiers de critique communiste, Marx, la démocratie, le communisme, Paris, Éditions Syllepse, 2003.
Revue africaine de politique internationale N°27/28 : Avril-Octobre.2000.
Cahier philosophique d'Afrique, 2013, N°0011.

PUET Jean-François et ELARDO [illegible], [illegible] intérieure, Paris, les éditions françaises [illegible]
POULANTZAS N[illegible], [illegible], Paris, [illegible], 1970, [illegible]
RENAUD Alain, [illegible], Paris, [illegible], [illegible]
ROUSSEAU Jean-Jacques, Du contrat social, Paris, Éditions Sociales, 1971, 250p.
SCHOPENHAUER Arthur, [illegible] volonté [illegible] traduit par Christian Jacob, Paris, Éditions [illegible]
SLOTERDIJK Peter, [illegible], Paris, [illegible], 2011, 554p.
SLOTERDIJK Peter, [illegible], Paris, [illegible] Bell, 2011, [illegible]
SPINOZA Baruch, [illegible] traduit du [illegible], Paris, Gallimard, 1954, [illegible]
TENZER Nicolas, Philosophie politique, Paris, PUF, [illegible]
WEIL Éric, Philosophie politique, Paris, Vrin, [illegible]
WEIL Éric, [illegible], Philosophie du droit [illegible], Vrin, 2012, 152 p.

Articles et périodiques

Le monde diplomatique, [illegible], Novembre 1996
Les cahiers du [illegible] constitutionnel [illegible], Paris, [illegible], 2005
Les [illegible] constitutionnel, Paris, éditions Sylvame, 2007
Revue [illegible] de politique internationale [illegible], 2001
[illegible], 2015, N°061

TABLE DES MATIÈRES

Structures éditoriales du groupe L'Harmattan

L'Harmattan Italie
Via degli Artisti, 15
10124 Torino
harmattan.italia@gmail.com

L'Harmattan Hongrie
Kossuth l. u. 14-16.
1053 Budapest
harmattan@harmattan.hu

L'Harmattan Sénégal
10 VDN en face Mermoz
BP 45034 Dakar-Fann
senharmattan@gmail.com

L'Harmattan Cameroun
TSINGA/FECAFOOT
BP 11486 Yaoundé
inkoukam@gmail.com

L'Harmattan Burkina Faso
Achille Somé – tengnule@hotmail.fr

L'Harmattan Guinée
Almamya, rue KA 028 OKB Agency
BP 3470 Conakry
harmattanguinee@yahoo.fr

L'Harmattan RDC
185, avenue Nyangwe
Commune de Lingwala – Kinshasa
matangilamusadila@yahoo.fr

L'Harmattan Congo
67, boulevard Denis-Sassou-N'Guesso
BP 2874 Brazzaville
harmattan.congo@yahoo.fr

L'Harmattan Mali
Sirakoro-Meguetana V31
Bamako
syllaka@yahoo.fr

L'Harmattan Togo
Djidjole – Lomé
Maison Amela
face EPP BATOME
ddamela@aol.com

L'Harmattan Côte d'Ivoire
Résidence Karl – Cité des Arts
Abidjan-Cocody
03 BP 1588 Abidjan
espace_harmattan.ci@hotmail.fr

L'Harmattan Algérie
22, rue Moulay-Mohamed
31000 Oran
info2@harmattan-algerie.com

L'Harmattan Maroc
5, rue Ferrane-Kouicha, Talaâ-Elkbira
Chrableyine, Fès-Médine
30000 Fès
harmattan.maroc@gmail.com

Nos librairies en France

Librairie internationale
16, rue des Écoles – 75005 Paris
librairie.internationale@harmattan.fr
01 40 46 79 11
www.librairieharmattan.com

Lib. sciences humaines & histoire
21, rue des Écoles – 75005 Paris
librairie.sh@harmattan.fr
01 46 34 13 71
www.librairieharmattansh.com

Librairie l'Espace Harmattan
21 bis, rue des Écoles – 75005 Paris
librairie.espace@harmattan.fr
01 43 29 49 42

Lib. Méditerranée & Moyen-Orient
7, rue des Carmes – 75005 Paris
librairie.mediterranee@harmattan.fr
01 43 29 71 15

Librairie Le Lucernaire
53, rue Notre-Dame-des-Champs – 75006 Paris
librairie@lucernaire.fr
01 42 22 67 13

www.ingramcontent.com/pod-product-compliance
Lightning Source LLC
LaVergne TN
LVHW021229061026
849535LV00008B/2986
* 9 7 8 2 3 4 3 1 7 7 6 6 3 *